Triunfa en tu primer empleo

Consejos prácticos para alcanzar el éxito laboral una vez superada la entrevista de trabajo

Andrés Queipo

Copyright © Andrés Queipo, 2020
Diseño de Portada © Laura Perona http://www.laurapsdesign.com/

1ª Edición: enero 2020

Reservados todos los derechos. No se permite la reproducción total o parcial de esta obra, ni su incorporación a un sistema informático, ni su transmisión en cualquier forma o por cualquier medio (electrónico, mecánico, fotocopia, grabación u otros) sin autorización previa y por escrito de los titulares del *copyright*. La infracción de dichos derechos puede constituir un delito contra la propiedad intelectual.

Contenido

Introducción..7
Cómo enfrentarte a los primeros días y a las relaciones personales 11
    Prepárate para el primer día.....................................12
    Cuida tu higiene personal 13
    Utiliza las palabras mágicas 14
    Haz una ronda de presentación en la oficina 15
    Infórmate sobre tus nuevos compañeros 17
    Observa a tus nuevos compañeros........................18
    Date a conocer en el departamento de recursos humanos ..19
    Invita a tus compañeros a un pequeño aperitivo 20
    Cumple las nuevas normas......................................22
    Prioriza las reuniones cara a cara 23
    Da a conocer tus habilidades 26
    Sé humilde...28
    Sé discreto 30
    Asume una pequeña responsabilidad que te dé a conocer..31
    Respeta a los compañeros de departamento 33
    Nunca sabes cuándo te vas a cruzar con una persona otra vez 34
    No traslades las discusiones al plano personal 35
    Ayuda a tus compañeros siempre que puedas 36

- Interésate por las personas...37
- Prepárate para conversaciones triviales........................39
- Despídete adecuadamente 40

Cómo organizarte en el trabajo..43
- Organiza tu vida privada 43
- Organiza el escritorio y los documentos 45
- Crea y actualiza una lista de tareas..................................46
- Organiza tu calendario..49
- Ten una actitud positiva 52
- Reserva tiempo para pensar, concentrarte y descansar.......53
- Prepara tus ausencias..55
- Aprende a decir no si es mucho trabajo...........................57

Cómo preparar el material de una presentación 61
- No olvides los pies de página 62
- Actualiza la fecha...64
- Elige correctamente los títulos de cada folio....................65
- No escribas una novela...66
- Tres preguntas clave para plantear tareas o decisiones 67
- Usa las plantillas disponibles 69
- Tu mensaje tiene que ser coherente..................................70
- Cuántas diapositivas debe tener tu presentación 71
- Utiliza los mismos tamaños y posiciones para títulos e imágenes..72
- Evita las faltas de ortografía y gramática 73
- Revisa los datos de tu presentación..................................73
- Utiliza adecuadamente los gráficos y tablas.....................74
- Deja abierta la opción de una pequeña corrección 75

Checklist para tu presentación 76
Cómo presentar en público 79
    Prepárate y practica 79
    Cuánto debe durar la presentación 82
    Vigila tu velocidad al hablar 83
    Relájate antes de la presentación 84
    Mira al público a los ojos 86
    Evita llevar un guion impreso 87
    Aprovecha el poder del silencio 88
    Vigila el movimiento de tus manos 88
    Utiliza el lenguaje corporal 90
    Presenta de pie siempre que puedas 91
    Revisa la tecnología antes de tu presentación 93
Cómo preparar y llevar una reunión 95
    Define bien los asistentes de la reunión 95
    Formula la invitación correctamente 98
    Comprueba la asistencia de los participantes 102
    Dirige bien la reunión 103
    Toma notas durante la reunión 105
    Escribe el acta de la reunión 107
    Cómo preparar las reuniones por videoconferencia 109
    Cómo preparar una reunión a la que has sido invitado 110
Gracias 113

Introducción

Lo primero que quiero decirte es gracias. Gracias por confiar en este libro y querer dar un paso más en tu futuro laboral. Lo segundo es darte la enhorabuena por haber conseguido este primer trabajo y animarte a disfrutar del camino que tienes por delante. El primer consejo que te voy a dar es que, si no lo has hecho ya, celebres este nuevo empleo. Es importantísimo celebrar las cosas buenas de la vida. Dicho esto, voy a tratar de explicarte las tres razones principales por las cuales he escrito este libro y qué pretendo que consigas con él:

1. Existen infinidad de fuentes que explican con todo lujo de detalles cómo debes preparar una entrevista de trabajo. Está claro que es importantísimo que te prepares bien para ellas ya que si no lo haces no vas a conseguir el trabajo. Pero en pocos sitios verás explicado qué debes de hacer después de dicha entrevista. Después de tu éxito en la entrevista, pretendo ayudarte a triunfar y aprovechar al máximo tus habilidades en los primeros meses en tu nuevo entorno laboral.

2. Por otra parte, durante mis años de trabajo he tenido la suerte de conocer muchos compañeros que empezaban con su vida laboral. La mayoría estaban muy preparados desde el punto de vista académico y tenían una base teórica estupenda para los retos que tenían por delante. Sin embargo, en general les faltaban otra serie de habilidades que no tienen que ver con, por ejemplo, la ingeniería, la economía o la publicidad y que por desgracia no se enseñan en las universidades o centros de formación profesional. Estas otras habilidades, sin

embargo, pueden suponer un empujón muy importante para tu éxito laboral. A lo largo de este libro, voy a transmitirte algunas de estas habilidades que he ido aprendiendo desde que empecé mi carrera profesional.

3. Igual que tú, yo también tuve un primer empleo. Y te lo reconozco, no sabía lo que me venía encima. También confieso que las primeras semanas fueron duras, con dudas y algo de miedo. Por eso quiero compartir mi experiencia contigo. Con este libro quiero ayudarte a afrontar esas primeras semanas y meses con tranquilidad y seguridad en ti mismo.

Antes de empezar, quiero dejar muy claro que no pretendo en ningún caso que, cuando comiences a trabajar, interpretes un papel o pretendas ser alguien que no eres. El objetivo de este libro es aportar una serie de ayudas o guías que pueden ser adaptadas a la personalidad de cada uno y que te servirán para conseguir una adaptación más rápida al entorno laboral y a que tus habilidades destaquen como se merecen.

Este libro va dedicado a todos aquellos que comienzan su vida laboral y desconozcan el funcionamiento de una oficina. También te puede ayudar si vas a cambiar de trabajo y quieres mejorar tu adaptación a la nueva empresa.

He estructurado este libro en cinco capítulos. El primer capítulo es el que vas a necesitar nada más empezar y en mi opinión el más importante de todos. Trata de aquellos aspectos de las relaciones en el ambiente laboral que, siendo difícilmente cuantificables, son de suma importancia.

En el segundo capítulo te voy a explicar unos aspectos fundamentales de la organización personal. Estoy absolutamente convencido de que la organización personal y la fiabilidad son dos de las cualidades más valiosas que puede poseer un trabajador. En ese capítulo te daré una serie de consejos para que puedas mejorar en estas áreas.

Creo de verdad que, si quieres tener éxito en el mundo laboral, no sólo debes realizar un buen trabajo, sino que además debes vender y comunicar bien tus resultados. Por eso dedico dos capítulos a la preparación del material de una presentación y cómo presentar dicho tema en público.

Por último, me centro en cómo puedes organizar las reuniones de trabajo de forma eficiente y qué preparación anterior y posterior es necesaria. Este es uno de los aspectos que tienes que tener más en cuenta, ya que muy pocas veces trabajarás solo y los resultados que obtengas dependen directamente de tu capacidad de trabajar en grupo y organizar las tareas de equipo. La habilidad de organizar las reuniones de forma eficiente es un factor clave para conseguir optimizar dicho trabajo en equipo.

¡Vamos a por ello!

Cómo enfrentarte a los primeros días y a las relaciones personales

De todos los capítulos que tiene esta guía, creo que sin duda este es el más importante y por ello quiero empezar con él. A lo largo de mi vida laboral he podido constatar que la inmensa mayoría de problemas a los que nos enfrentamos tienen su origen en las relaciones personales. Además, las soluciones para los problemas complejos sólo se pueden encontrar mediante un buen trabajo en equipo. Por eso las relaciones con los nuevos compañeros son muy importantes y una adaptación rápida al ambiente de trabajo te allanará el camino para realizar mejor tus tareas.

No debes olvidar tampoco que en la oficina vas a pasar una gran parte de tu tiempo; esto no quiere decir que tengas que hacerte automáticamente amigo íntimo de los compañeros de oficina, pero sí que un buen ambiente va a mejorar tu vida general de manera muy importante.

En este capítulo voy a recopilar una serie de consejos que a mí me han sido muy útiles y que te pueden servir bien. Sin embargo, debes tener en cuenta que todo el mundo ha de ser fiel a su manera de ser y que trabajar en una oficina no implica representar un papel en una obra de teatro, si no adaptar tu forma de ver la vida y de trabajar a otras personas y sus necesidades. Siéndote fiel a ti mismo, vas a estar a gusto en el trabajo y sólo así disfrutarás de tus tareas y de las horas que vas a pasar en la oficina.

Prepárate para el primer día

El primer día de un trabajo tienes mucha motivación, energía y ganas de empezar. Es importante también que seas precavido y te prepares para los imprevistos que puedan surgir. Hay una serie de preparativos que puedes llevar a cabo y que evitarán situaciones incómodas y que van a crear una buena impresión de ti. En este apartado voy a explicar los más importantes.

Muchas empresas entregan una lista de los documentos necesarios que hay que entregar el primer día de trabajo. Si no es el caso de tu nueva empresa, considero que es importante llevar los documentos personales básicos. Si estás preparado con estos documentos aún sin que te los hayan pedido explícitamente, darás una primera impresión de persona responsable y previsora. Los documentos que te recomiendo llevar son:

1. Dos fotos tipo carné

2. DNI o Pasaporte (y dos fotocopias)

3. Cartilla Sanitaria (y dos fotocopias)

4. Un papel donde estén apuntados dos o tres contactos en caso de emergencia (teléfono, correo electrónico)

5. Dos o tres copias de tu currículum

Recomiendo llevar dos o tres copias del currículum por si el primer día te presentan a algún superior que no haya participado en el proceso de selección. Podrás entregarle las copias a la vez que te presentas y así podrá luego situarte rápidamente y conocer tus habilidades y experiencia.

Es muy habitual que al llegar el primer día de trabajo tengas a tu disposición todo el material de papelería que te haga falta para los primeros días. De todas maneras, y a modo de precaución, no está de más llevar un cuaderno y un par de bolígrafos. De esta manera, si nada más llegar tienes una reunión donde se te expliquen tareas, horarios o similar, podrás apuntar lo más esencial hasta que ya llegues a tu sitio de trabajo, sin que tengas la necesidad de memorizar todo y corriendo el riesgo de que se te olvide algo importante.

Por último, y si no sabes si los compañeros comen en un restaurante cercano, en el comedor si lo hubiera o en una cocina comunitaria, recomiendo llevar algo que se pueda comer sencillamente, como por ejemplo un bocadillo. Si los compañeros comen en el despacho o en una cocina comunitaria siempre podrás sentarte con ellos y comer tu bocadillo. Y si no te es necesario porque vas con ellos a un restaurante o a un comedor de empresa, siempre puedes aprovecharlo como merienda o cena. Así, nunca te quedarás sin comer. De la misma manera, es recomendable llevar algo de dinero suelto, preferiblemente en billetes, por si hay que recargar la tarjeta del comedor o comer en un restaurante cercano, donde no admitan tarjeta. Desde luego no quieres tener que pasar el mal trago de pedir dinero prestado el primer día de trabajo.

Cuida tu higiene personal

Espero realmente que al leerlo consideres este apartado como innecesario y no te diga nada que no sepas ya. Sin embargo y debido a su vital importancia prefiero pasarme a quedarme corto con este tema.

Como hemos dicho previamente, crear una buena impresión es muy importante. En esta primera impresión la higiene juega un papel vital.

En mis años de trabajo he visto cosas que nunca me hubiera creído si me las hubieran contado. He sufrido compañeros que olían mal o incluso alguno que se cortaba las uñas de los pies en el despacho (no es broma, de verdad que he visto esto en directo con mis propios ojos, aunque como te puedes imaginar, me costó mucho creerlo). No seas una de esas personas con las que nadie quiere trabajar por su higiene personal.

Al trabajo hay que ir aseados y con la ropa bien limpia. Aquí no hay discusión posible. Especialmente en los meses de verano hay que prestar especial atención a este aspecto. No hay ninguna excusa para no ir limpio y aseado al trabajo e independientemente de si la vestimenta es más formal o informal, la limpieza y el cuidado personal es un mínimo que hay que exigir siempre.

Utiliza las palabras mágicas

Seguramente que cuando eras pequeño oíste muchas veces que tenías que utilizar las palabras mágicas (por favor, gracias) para conseguir algo. Bueno, pues te puedo decir que el mundo no ha cambiado tanto, y que estas palabras siguen siendo igual de mágicas y necesarias. Da igual con quién estés tratando, ya sea de tu empresa o de otra, utilizan siempre estas palabras. Además, yo añado una tercera. Si las utilizas, todo va a ser mucho más sencillo:

1. Por favor: cada vez que necesites algo de alguien, no dudes en pedirlo por favor. Una regla tan básica de educación va a hacer tu vida mucho más fácil. Da igual el nivel laboral de la persona con la que estés tratando, muestra siempre el respeto debido por su trabajo y pide siempre las cosas por favor.

2. Gracias: la mejor manera de mostrar el respeto por el trabajo y el tiempo de una persona es precisamente valorándolos. Por ello agradece a los demás cuando hacen algo por ti, como te gustaría que lo hicieran contigo.

3. Lo siento: aquí te voy a dar un pequeño secreto que te va a hacer la vida más fácil. Todo el mundo se equivoca. Repito: TODO EL MUNDO. Al empezar a trabajar mucha gente tiene miedo a hacer errores. Este miedo es normal, pero es importante que asumas que cometer errores es lo más normal del mundo. Así que cuando cometas un error, no dudes en asumirlo, pedir las disculpas necesarias (sin pasarse, qué seguro que la empresa no quiebra por tu culpa) y ponerte a arreglar las cosas. Una de las cosas que he podido comprobar en mi vida laboral es que, al asumir un error y pedir las disculpas correspondientes, todo el mundo se pone automáticamente a buscar la solución y ayudarte, con lo que se minimizan mucho las consecuencias del error.

Por último, te quiero dar un consejo añadido. Incrementarás, el poder de estas tres palabras (y de cualquier otra que se te ocurra), si las acompañas de una sonrisa. Piensa durante un momento qué tipo de personas te gusta encontrar en tu vida y a quiénes estás más dispuesto a ayudar. Una persona agradable, positiva y que sonría a los demás tiene muchas más probabilidades de ser aceptado. Además, la vida es mucho más bonita si la miras con una sonrisa.

Haz una ronda de presentación en la oficina

Lo más habitual al comenzar un trabajo nuevo es que tu jefe directo o un compañero del departamento dedique un rato el primer o segundo día (a más tardar durante la primera semana) a hacer una ronda contigo por el nuevo departamento para visitar al resto de compañeros y presentarte. Así tendrás una primera toma de contacto y conocerás las nuevas caras con las que vas a pasar tanto tiempo en el futuro próximo.

Como he dicho, lo más habitual y además más razonable es que esta ronda la hagas con tu jefe o un veterano de la oficina. Sin embargo, y si esto no ocurre en los primeros días de trabajo, te recomiendo coger la sartén por el mango y realizar dicha ronda por tu cuenta. No es necesario ni recomendable pasar dos horas con cada compañero, si no que será suficiente con presentarte rápidamente. Pasarás el tiempo necesario para que todos sepan por lo menos dos datos básicos: tu nombre y qué tareas vas a realizar en el departamento.

Yo recomiendo que al realizar esta pequeña ronda intentes recordar todos los nombres que puedas. Así, causarás una buena impresión cuando la segunda vez que tengas contacto con una persona te acuerdes de su nombre. No debes llevar un papel y apuntar los nombres directamente mientras te los dicen, ya que no crea buena impresión; pero si puedes apuntarlos disimuladamente en cuanto llegues a tu escritorio, antes de que se te olviden. También te recomiendo repasar durante los primeros días esa lista que has creado, para así no olvidarte de ninguno.

Para recordar los nombres durante esta primera ronda, te recomiendo que crees reglas nemotécnicas fáciles, de tal manera que las puedas recordar fácilmente al llegar de nuevo a tu escritorio. Un ejemplo práctico podría ser el siguiente: si te presentan a un compañero que se llama Luis, te lo puedes imaginar con una peluca de rizos como las que llevaban los famosos reyes de Francia. Al recordarle con dicha peluca te recordará a esos reyes de Francia, muchos de los cuales se llamaban Luis. Se pueden hacer muchísimas reglas para cada nombre, lo único importante es que para tí sean fáciles de crear y las recuerdes por lo menos el tiempo necesario para llegar a tu sitio y poder hacer un pequeño mapa donde apuntes los nombres de los compañeros para, como he dicho previamente, poder revisarlos cuando sea necesario.

De todas maneras, es natural que en un entorno nuevo con muchas caras desconocidas tengas que preguntar dos veces. No tienes que estresarte por pedir a un compañero que te repita su nombre, siempre que lo hagas educadamente. Debes evitar, eso sí, tener que preguntar más de dos veces a la misma persona.

Infórmate sobre tus nuevos compañeros

Es importante conocer a tus compañeros, sus habilidades y experiencia. Hoy en día, las redes sociales del entorno laboral (como por ejemplo LinkedIn), son una excelente herramienta para ello. Mi consejo es que una vez hayas conocido a tus compañeros (cómo has visto en el apartado anterior) dediques unos minutos a visitar su perfil y poder conocer mejor a esta persona. Así podrás saber qué experiencia laboral tiene y dónde están sus puntos fuertes. Esto te puede ser de mucha utilidad en el futuro.

Este procedimiento lo recomiendo también cuando recibas una invitación a una reunión. Comprueba quién participará también, y dedica unos minutos a mirar su perfil en las redes. Podrás saber si es nuevo en la empresa como tú, si es experto en un tema concreto o si es una persona con rango superior.

Hoy en día hace falta invertir muy poco tiempo para conseguir esa información y, como verás en los primeros meses, puede servirte para aprender mejor de gente muy preparada y adaptarte a tus nuevos compañeros.

Observa a tus nuevos compañeros

Para los primeros días y semanas en una oficina no hay mejor consejo que el viejo refrán: "allá donde fueras, haz lo que vieras". Este dicho popular vale para cualquier aspecto que se te pueda venir a la cabeza. Si ves que los compañeros no hacen una parada de café hasta que hayan pasado tres horas de trabajo, pues evidentemente no es buena idea que la hagas antes que los demás. Si nadie se pone auriculares para trabajar, lo correcto es que no seas tú el primero en hacerlo nada más llegar a la oficina. Otro ejemplo claro son las llamadas telefónicas. En muchas oficinas hay un acuerdo no escrito que consiste en realizar las llamadas telefónicas desde un sitio concreto y apartado para no molestar a los demás. En ese caso, deberás hacer lógicamente como el resto de los compañeros.

La sencilla regla de observar y actuar en consecuencia te ayudará en unos de los temas en mi opinión más complejos: qué ropa llevar a la oficina. No debes pasarte por ninguno de los dos extremos, demasiado arreglado o demasiado poco. Intenta ir acorde a tus compañeros de tu mismo nivel jerárquico. No estoy diciendo ni mucho menos que renuncies a tu estilo o a tu color favorito, si no que dentro de tus gustos puedes adaptarte desde muy formal a muy informal. Mi consejo es intentar ir lo más acorde posible a cómo van vestidos los compañeros de nuestro mismo nivel. Voy a ponerte dos ejemplos.

Si tus compañeras y compañeros llevan camisetas y pantalones cortos, no es buena idea ir en traje a trabajar, ya que sólo conseguirás agrandar la distancia con ellos y crear un escepticismo hacia ti.

Por el contrario, si nadie lleva camiseta a trabajar, aunque no sea lo que más te guste, lo mejor es que te adaptes y lleves una blusa o camisa. Puede ir probando hasta encontrar tu estilo "de oficina", respetando tus gustos y preferencias.

Cómo enfrentarte a los primeros días y a las relaciones personales

Otra situación muy común que se da en algunas oficinas es la invitación a un detalle (aperitivo, tarta o similar) en el día de cumpleaños. Si observas que cuando alguien tiene su cumpleaños lo celebra con los compañeros con una tarta, bizcocho o similar, es buena idea incorporarte a esta dinámica de grupo y también aportar algo cuando te toque. En mi caso, esto me ayudó además a romper el hielo y comenzar a hablar con algún compañero con el que hasta ese momento no había tenido demasiada relación.

Date a conocer en el departamento de recursos humanos

Siempre que tengas que iniciar una actividad con una persona que no conozcas, considero que es muy beneficioso hacer una pequeña reunión cara a cara con ella. Si es posible acércate a su lugar de trabajo y resuelve los temas o dudas directamente en persona, de forma mucho más directa. Este compañero siempre estará más dispuesto a ayudarte cuando conozca tu cara y no seas sólo "un nombre más" tras una dirección de correo electrónico.

Esta idea te puede servir para todo: siempre que puedas, debes resolver los temas cara a cara y no por email o teléfono, sobre todo cuando es la primera vez que tomas contacto con la persona.

Un caso particular y muy importante en mi opinión es el departamento de recursos humanos. Cuando empiezas a trabajar en una empresa, estás automáticamente en sus registros y con ello identificado y localizable para los diferentes departamentos o secciones. En el caso concreto del departamento de personal, te recomiendo concertar una pequeña cita proactivamente para tener una charla informal y presentarte. Incluso en el caso de que la persona de recursos humanos sea la misma que llevó la entrevista de trabajo, considero muy adecuado que vuelvas a quedar con ella. Vuestra relación laboral habrá cambiado con respecto a esa última vez (de simple candidato a un trabajador con todos los derechos), y tratarás temas nuevos e incluso de manera diferente. Es muy habitual que en las primeras semanas debas entregar cierta documentación al departamento de recursos humanos, como ya comenté en el apartado "Prepárate para el primer día". Esto te puede servir como excusa para concretar dicha reunión y entablar una conversación más informal y, como ya te dicho, conocer mejor a la persona con la que con toda seguridad vas a tratar temas importantes en el futuro, como son las subidas de sueldo, vacaciones, bajas o incluso cambios de empleo dentro de la empresa. Podrás así conocer a tu responsable de personal desde otra perspectiva distinta.

Otra buena manera de romper el hielo es llevar apuntadas todas las preguntas que pueden surgirte en los primeros días y semanas para poder planteárslas sin olvidarte de ninguna. Es, como en el caso de la entrega de documentos que ya hemos visto anteriormente, una muy buena excusa para organizar una pequeña reunión para tratar esas preguntas y poder presentarte adecuadamente.

Invita a tus compañeros a un pequeño aperitivo

Encajar en el nuevo departamento es una de las principales tareas que vas a afrontar al empezar un trabajo. Con ello no me refiero sólo a encajar laboralmente, si no a encontrar tu espacio y darte a conocer también personalmente.

Una muy buena tradición en países anglosajones que, aunque es conocida en España no está muy extendida, es llevar un pequeño detalle de comida en los primeros días para invitar a los nuevos compañeros. De hecho, en Alemania existe hasta una palabra exclusiva para ello: Einstand.

Esta invitación no tiene que ser excesivamente cara o copiosa. Es decir, no hace falta que lleves jamón de bellota o anchoas de Santoña. Sin embargo, es una muy buena oportunidad para romper el hielo con los compañeros y acercarte más a ellos en el plano personal. Yo recomiendo siempre que, en la medida de lo posible, este detalle culinario lo hagas tú mismo o que pueda demostrar que has dedicado cierto tiempo y esfuerzo a pensarlo y prepararlo. No debe parecer que simplemente has comprado algo para "salir del paso". Por ejemplo, me parece mucho mejor un bizcocho o unas galletas preparadas por ti mismo que compradas en el supermercado. Esto demuestra a tus nuevos compañeros que de verdad te has tomado la invitación en serio, que has dedicado parte de tu tiempo a hacer algo para ellos. Así dejas claro que valoras su opinión y que quieres ser aceptado en el grupo, ser parte del equipo.

Otra opción que también me gusta mucho es traer algo de tu tierra, si eres originario de otra ciudad o comunidad con respecto a donde trabajas. En mi caso y como orgulloso cántabro, llevaría siempre unos buenos sobaos pasiegos traídos desde Cantabria. Esto, además de demostrar a tus compañeros que te has preocupado en buscar y pensar algo para ellos, servirá para romper el hielo. Tus compañeros ya sabrán algo personal sobre ti y pueden salir muchos temas de conversación en esas primeras semanas, cuando cuesta más encontrar temas más allá del mundo laboral. En las diversas "Einstand" que he realizado en mi vida laboral en Alemania, esta forma de actuar me ha ayudado mucho. Siempre he llevado una variedad de productos españoles y cada poco aparecía un compañero por mi sitio pidiéndome consejos para sus vacaciones o simplemente para contarme sus experiencias en mi país. La primera barrera la rompí así con mucha facilidad.

En muchas empresas es tradición que esta invitación se repita al cumplir el primer año en el puesto. Si es así, participa tú también de esta tradición y prepara algo para los compañeros cuando te toque.

Cumple las nuevas normas

Uno de los retos más habituales al que te vas a enfrentar cuando empieces en un nuevo trabajo es cómo relacionarte con tus nuevos compañeros. En empresas de tamaño medio o pequeño, las diferencias en la forma de relacionarse entre departamentos distintos suelen ser pequeñas. Sin embargo, estás diferencias pueden ser más significativas en empresas con un mayor número de trabajadores.

Un departamento o equipo no es otra cosa que un grupo más o menos reducido de personas que conviven con unos objetivos comunes. En este grupo social también aparecen conflictos personales e incluso los objetivos de cada persona son diferentes. Una vez que comprendas que un equipo se comporta como cualquier otra estructura social, te va a ser mucho más fácil adaptarte y utilizar tus habilidades sociales a tu favor.

Como en cualquier estructura social existen unas convenciones escritas que son relativamente fáciles de aprender y conocer. Un ejemplo sencillo de estas reglas escritas podría ser un precio por café en la máquina común. Todo el mundo tiene claro cómo actuar: cada vez que se tome un café he de pagar el precio estipulado.

Como esta, existen otras reglas no escritas que son generalmente aceptadas por todos los individuos del grupo. Estas reglas son a menudo tan o más importantes que las escritas mencionadas anteriormente. Un ejemplo clásico de estas reglas no escritas es no hablar de un determinado tema en las comidas del departamento (política, religión, etc.). Lo mejor es adaptarse y respetar esas convenciones.

Voy a intentar explicarlo con una experiencia personal. En el segundo departamento en el que he trabajado, al observar los primeros días que cada compañero tenía su propia taza de café (a diferencia de mi primer departamento, donde simplemente había que coger una de la balda), me di cuenta de que, aunque no estaba escrito en ningún sitio, era una rutina importante para ese departamento, y por tanto debía respetarla.

Anteriormente hemos visto la utilidad de observar el comportamiento de nuestros compañeros antes de actuar. De cara a conocer estas reglas no escritas es muy importante que observes cómo actúan tus nuevos compañeros y adaptarte en consecuencia. Si ves que en la reunión de departamento todo el mundo permanece de pie, pues tu deberías hacer lo mismo. Siempre es mejor esperar unos segundos sin actuar que dar un paso en falso y romper una de estas reglas.

También quiero destacar aquí, que en caso de no tener claro cómo actuar en un caso concreto, siempre será mejor preguntar a un compañero con el que tengas un poco más de confianza. Nadie se va a enfadar si preguntas cómo actuar ante determinada situación. Debes asumir esas primeras dudas como normales y darte cuenta de que todo el mundo ha sido nuevo alguna vez en su vida. Así que sacúdete tus miedos, y pregunta sin dudar, antes de actuar de alguna manera que no esté aceptada en el nuevo grupo.

Prioriza las reuniones cara a cara

Bajo mi punto de vista, uno de los grandes problemas de las empresas en la actualidad es la enorme cantidad de correos electrónicos que se envían a diario. Hay muchísimas discusiones que se podrían evitar o acortar si los trabajadores recurrieran más a tratar los temas directamente y cara a cara con los compañeros. Además, muchos temas serían resueltos con más eficiencia y sin involucrar a más gente de la necesaria, evitando las cada vez más habituales e interminables listas de destinatarios en copia.

En mi opinión existen diversas razones fundamentales para este envío masivo de correos electrónicos. Por una parte, existe la pereza natural del ser humano, ya que enviar un email significa menos trabajo físico que movernos al despacho de un compañero para tratar el tema pendiente. Por otra parte, hay determinados temas conflictivos que aparentemente resultan más sencillos de tratar utilizando una pantalla como interlocutor que directamente en persona. En este caso, lo único que se conseguirá es retrasar la inevitable discusión y lo que es peor, acrecentarla y retrasar la solución del problema en el tiempo. Además, escribir un correo electrónico te da la falsa sensación de haber resuelto el problema o de haber traspasado la tarea a la otra persona, deshaciéndote así de ella. Con esta actitud se corre el riesgo de que la persona que recibe el mail no lo lea o no lo entienda correctamente y la tarea se vuelva a retrasar o, peor aún, se olvide. A lo largo de mi vida laboral he visto muchos casos de tareas que quedaban sin realizar o estaban mal resueltas por malentendidos de este tipo. Para que comprendas mejor esta idea, quiero que recuerdes el juego del "teléfono escacharrado". Cuanta más gente y correos estén involucrados en la resolución del problema, más difícil es que se encuentre la solución y más elevado es el riesgo de malentendidos. Creo sinceramente, que este envío de correos masivo es uno de los grandes problemas de eficiencia en la actualidad y, he de confesar, yo sigo pecando de enviar demasiados correos ya sea por comodidad o pereza.

Yo recomiendo sin duda resolver todos los problemas posibles cara a cara. Además, si vas tu al despacho de un compañero conseguirás dos objetivos sin casi ningún esfuerzo;

para empezar, será bastante complicado que tu compañero no te dedique el tiempo necesario. Es fácil dejar un correo para más tarde, sin embargo, tú estás esperando a su lado, le será más difícil rechazarte.

La segunda es que, desplazándote unos pocos metros al puesto del otro trabajador te darás un pequeño paseo que a tus piernas les vendrán muy bien para estirar y a tu cabeza para oxigenarse. A lo largo de tu vida en la oficina vas a pasar muchas horas sentado, así que debes aprovechar cada oportunidad para moverte, haciéndole un favor muy grande a tu espalda y cuello.

¿Cómo puedes preparar estos cara a cara? Si sabes que tu compañero es una persona muy atareada o con muchas reuniones, debes hacer una llamada de teléfono para saber si te puede atender en ese momento; si la respuesta es negativa, pregunta amablemente cuando tiene tiempo para ayudarte con el tema que tienes entre manos y organiza una pequeña reunión.

Para estos cara a cara, es siempre recomendable que lleves el ordenador o un cuaderno donde puedas anotar lo que hablas con este compañero, ya que no deberías preguntar unas horas o unos días después lo mismo que ya has planteado. En ese caso ya no es pedir ayuda o consejo, si no molestar innecesariamente a la otra persona. De la misma manera, si no entiendes algo pregunta de nuevo durante esa charla cara a cara, para no tener que volver a "molestar" en el futuro. Como ya te he dicho antes, no tengas miedo de preguntar si no entiendes algo. Es mucho mejor tener que preguntar dos veces una cosa que hacerla mal por no haber preguntado, ya que generarás al final mucho más trabajo que si hubieras preguntado dos veces en primer lugar.

Otra opción que a mí me gusta mucho es invitar a un café o similar a la otra persona, especialmente si necesitamos su ayuda. En un espacio diferente al puesto de trabajo (por ejemplo, una cocina, cafetería o una sala habilitada para ello), los compañeros tienden a estar más distendidos y tendrás muchas más posibilidades de conseguir aquello que necesites de ellos. Incluso puedes llevar una chocolatina, bombón o caramelo a la reunión con café, ¡a nadie le amarga un dulce!

Da a conocer tus habilidades

Está claro que cuando empiezas un trabajo tienes, o se te presuponen, una serie de habilidades y experiencias para desarrollar ese trabajo; de lo contrario no habrías conseguido dicho empleo en primer lugar. Estas aptitudes son más o menos conocidas y asumidas por tus compañeros y superiores.

Pero estoy seguro de que tienes habilidades más allá de las estrictamente necesarias para desarrollar tu trabajo o por las que te han contratado. Es siempre una buena idea dar a conocer estas habilidades si pueden ser de utilidad para los compañeros, ya que con ello conseguirás ser más necesario en el departamento y devolver un poco del tiempo "robado" en las primeras semanas a tus compañeros, ya que como es natural tendrás muchas dudas y preguntas. Creo que con estos tres ejemplos se entenderá este concepto muy bien:

1. Margarita ha conseguido un puesto en el departamento de finanzas en una conocida multinacional de venta de productos cosméticos. Posiblemente haya conseguido el puesto por sus estudios de económicas o de administración de empresas y los conocimientos que tenga en estos campos. Imagina también que aparte de estas habilidades y conocimientos que son necesarios para conseguir el trabajo, Margarita tiene muy buena experiencia en Programas de cálculo (por ejemplo, Microsoft Excel) y ha aprendido a desenvolverse con soltura en la creación de Macros. No sólo estos

conocimientos le van a ser muy útiles a Margarita, sino que también puede ayudar a sus nuevos compañeros si tienen algún problema con estas herramientas informáticas. Si nadie sabe que Margarita puede manejar dichos Macros, no van a recurrir a ella y solicitar su ayuda. Es una buena idea entonces, que Margarita informe en las primeras semanas de trabajo a mis compañeros sobre esta habilidad.

2. José Luis ha conseguido un trabajo en el departamento de desarrollo en una empresa de construcción de frenos de trenes, ya que ha cursado la carrera de ingeniería mecánica. Además, resulta que su madre es francesa y por ello José Luis habla francés a la perfección. Si en algún momento algún compañero de su departamento tiene que preparar unos documentos para un cliente francés, los conocimientos de José Luis pueden ser de gran ayuda, aunque en principio no le contrataron por hablar francés, ni lo exigían en la oferta laboral.

3. Laura es una diseñadora gráfica estupenda y es la encargada del marketing de una pequeña empresa. Pero además Laura es una apasionada del teatro, tiene mucha experiencia en escena y se le da muy bien hablar en público. Laura decide hablar con su jefe y organizar un seminario con sus compañeros para enseñarles a hablar en público y además dedica unas pocas horas al mes para preparar a sus compañeros que tengan que dar charlas o presentar los productos a los clientes. De una afición suya, Laura ha conseguido crear un valor añadido para su empresa.

Al ayudar en tu departamento con tareas que no son explícitamente las que se especifican en la descripción de tu puesto de trabajo, te ganarás el favor de tus compañeros y tu adaptación será aún mucho más rápida. Además, aportas un valor añadido a tu trabajo y esto es a la larga siempre un buen negocio; tus compañeros y superiores estarán más contentos contigo y te volverás más "imprescindible" en el departamento (teniendo siempre muy claro no obstante que nadie es imprescindible y que los trabajadores van y vienen y aun así las empresas sobreviven).

Sé humilde

Una de las características que en mi opinión están menos valoradas a corto plazo es la humildad, ya que esta sale realmente a relucir con el tiempo. Una persona humilde puede que al principio pase algo más desapercibida que la típica fanfarrona, pero desde luego ambas características acaban saliendo a la luz antes o después. Es importante que no confundas humildad con falta de seguridad en ti mismo; se consciente de tus fortalezas y habilidades y utilízalas. Hay una diferencia muy grande entre una persona segura de sí misma, lo cual es un rasgo muy bueno y, alguien que se cree el mejor en todo lo que hace o dice, sin fundamento que lo apoye.

Por muchos estudios que tengas o idiomas que domines, sé consciente de que cada trabajador es importante y por lo tanto merecen todos el mismo respeto. Además, debes mostrar también humildad a la hora de aceptar las tareas que te encomienden, aunque esta tarea sea hacer unas fotocopias u ordenar un registro. Puede ser que en los primeros meses alguna tarea sea más tediosa o aburrida de lo que habías esperado, pero solo si las afrontas con humildad y profesionalidad podrás resolverlas adecuadamente. De todas las tareas que tengas a lo largo de tu vida puedes sacar algo, ya sea una mejora para tus tareas futuras o aumentar la red de contactos dentro de la empresa o simplemente la fuerza y el convencimiento de mejorar, para asumir mejores responsabilidades en el futuro. Hacer tareas que no te gustan te puede servir de motivación para aprender y demostrar tu valía para dejar de hacerlas lo antes posible. Incluso si las tareas no te gustan, puedes sacar la siguiente lectura positiva: has descubierto algo que no te gusta hacer y por lo tanto te será más fácil tomar la decisión correcta cuando llegue el momento.

Estas tareas iniciales son un primer paso que todos debemos pasar antes de que nos confíen mayores responsabilidades. Sólo cuando hayas demostrado que eres capaz de realizar tareas más sencillas, podrás recibir aquellas más difíciles y estimulantes. Es muy importante recordar que nadie nace sabiendo y que incluso los directivos de las empresas empezaron realizando tareas sencillas e incluso hoy en día y en sus puestos actuales completan tareas que no les estimulen profesionalmente. Te voy a poner dos ejemplos:

1. Marta Ortega, la hija del fundador de Zara, Amancio Ortega, empezó su carrera profesional con un puesto de dependienta en una tienda cualquiera del enorme y exitoso conglomerado de moda. Su propio padre, que sabe mucho de su negocio, lo quiso así, ya que está convencido de que sólo empezando en las tareas más básicas se llega a conocer el negocio en profundidad, para poder asumir el control después.

2. Una persona muy cercana a mí empezó su carrera profesional con el aburrido encargo de ordenar unos ficheros alfabéticamente, pese a estar mucho más preparada y haber acabado brillantemente la carrera de económicas. Esta persona asumió la tarea de forma profesional, a pesar de que no era motivadora para ella, y a los pocos años dirigía un departamento con más de 80 personas en la misma empresa. Su actitud fue clave en su éxito.

También es importante que seas humilde cuando recibas una crítica a tu trabajo. Debes utilizar dichas críticas para aprender y poder desarrollarte profesionalmente. Hay que asumir que, al empezar tu vida laboral, tu mayor hándicap es la falta de experiencia. Así debes intentar desde una postura humilde, aprovechar cada oportunidad para aprender de aquellos que llevan desarrollado ese trabajo más tiempo. Desde luego, hay cosas que sólo se aprenden con la experiencia.

Sé discreto

Otra de las cualidades más positivas de un trabajador, ya sea nuevo o experimentado, es la discreción. Me voy a centrar en este apartado en dos aspectos fundamentales:

1. Es muy importante que te mantengas alejado de posibles rumores que haya en la oficina. No debes interesarte por temas que afectan a otras personas y no tengan una repercusión directa en ti o en tu trabajo. Estar siempre pendiente de rumores es el escenario perfecto para acabar teniendo enfrentamientos con tus compañeros. Cuando te enteres de un tema que incube a otras personas, simplemente asume la información, que además te puede ser útil en el futuro, pero desde luego no la difundas o conviertas en un cotilleo. Te voy a poner el siguiente ejemplo: Julia se entera de que Juan y Pedro no tienen buena relación. Está claro que esta información puede ser muy útil para ella. Si puede evitará poner una reunión con los dos a la vez ya que será más tensa e improductiva. Sin embargo, Julia no debe pregonar a los cuatro vientos lo que ella sabe, ya que podría encontrarse en medio de una discusión que no le incumbe entre Juan y Pedro. Hay una razón muy clara por la cual Julia tiene dos orejas y sólo una boca.

2. También debes intentar ser lo más discreto con tu vida privada. Es normal que hables con tus compañeros de tu familia o tus vacaciones, pero te recomiendo que

evites la ostentación o que hables más de la cuenta. Por ejemplo, si Isabel cuenta en la oficina que acaba de recibir una herencia de una importante suma y su jefe también se entera, puede significar que, aunque sea inconscientemente, este dato juegue injustamente en contra de Isabel cuando le pida un ascenso o aumento de sueldo a su jefe. Puede que el jefe de Isabel de manera inconsciente asuma que a ella no le hace falta tanto el dinero como a Pedro, otro compañero, y le otorgue ese aumento a Pedro, o que este reciba mucho más, ya que su jefe dispone de un presupuesto anual limitado. Isabel debería haber sido más discreta.

Como regla general, creo que existen infinidad de temas de los que poder hablar con tus compañeros sin tener que airear demasiadas cosas de tu vida privada o tener que indagar en la de los demás. El lugar de trabajo es una oficina y no la cafetería universitaria.

Asume una pequeña responsabilidad que te dé a conocer

Puedes acelerar el proceso de conocer a tus nuevos compañeros si asumes una de las múltiples tareas que hay en el entorno laboral y que no tiene relación directa con tus obligaciones en sí. Estas tareas están al margen de las posibles habilidades que tengas y que ya hemos visto en el apartado "Da a conocer tus habilidades". Estas tareas van desde asumir la responsabilidad de la impresora, de la informática, de unas llaves para un coche del departamento y pueden serte de gran utilidad para ganarte un hueco en la vida diaria de tu equipo o departamento.

En mi caso y a modo de ejemplo, yo asumí en mi primer trabajo el rol de tesorero del café nada más empezar. La tarea en sí era muy sencilla, ya que sólo tenía que hacer un ingreso en el banco cuya sucursal estaba al lado de la oficina una vez al mes y en horario laboral. Así que el esfuerzo era prácticamente nulo. En contrapartida, todos y cada uno de mis compañeros que tomaban café (es decir, casi todo el departamento) venían al menos una vez al mes a mi lugar de trabajo para saldar sus deudas. Prácticamente todas las veces que alguien venía a pagar entablábamos una conversación, ya fuese por temas laborales o personales. Como consecuencia, al acabar mi primer mes en la oficina todo el mundo me conocía, sabía mi nombre y cuales eran mis tareas. Esto me abrió muchísimas puertas y muy rápido supe a quién dirigirme para resolver mis dudas o problemas. Mis compañeros tuvieron rápido conocimiento de quién era y a qué me dedicaba. Al asumir esta pequeña responsabilidad que suponía una ayuda en su día a día, también estaban más predispuestos a ayudarme en mi integración o incluso ofrecer su ayuda para los más diversos temas, sin que tuviera yo siquiera que pedirla. Todo esto, repito, sin apenas esfuerzo.

Además, no hay que olvidar que los jefes también toman café. Este hecho me permitió que no sólo mi jefe directo si no su superior me conociera en menos de un mes y supiese cuales eran mis puntos fuertes y habilidades después de dos o tres pagos de café.

Esta tarea tan sencilla fue un atajo sin apenas esfuerzo para conocer a mis compañeros y darme a conocer. Pude así también demostrar que soy una persona proactiva y que asume responsabilidades. Desde luego, la relación esfuerzo-recompensa de estas tareas es enorme.

Respeta a los compañeros de departamento

Desde luego no creo que sea necesario explicar que hay que tratar siempre a todo el mundo lo mejor que puedas independientemente de sus estudios, posición o cualquier otra razón. Nunca, bajo ningún concepto hay que tratar a una persona mejor que a otra, por el sencillo hecho de que tenga más personas a su cargo o un sueldo mayor. Desde el trabajador de la limpieza hasta el presidente de la compañía, todo el mundo es necesario. Sin embargo, sí que creo importante destacar un rol dentro de un departamento por encima de los otros.

Por desgracia he vivido durante mi vida laboral muchos casos en los que algunos compañeros no han tenido el trato adecuado con otros trabajadores. En muchas ocasiones el trabajo del asistente o secretario/a del departamento no es debidamente respetado o valorado. Esto en mi opinión no es sólo una falta de educación muy grande, sino que también demuestra una estrechez de miras preocupante.

El asistente del departamento es uno de los roles más importantes que existen, ya que no sólo suele ser importantísimo en la aceptación de una nueva persona como miembro activo del departamento, sino que además tiene por su trabajo una serie de tareas de importancia fundamental:

1. El asistente de un departamento suele tener acceso e incluso coordinar la agenda del jefe de departamento. Tener una buena relación en este caso puede suponer conseguir una cita urgente si realmente lo necesitas. Puede significar tener un acceso rápido al jefe más fácilmente.

2. Además, el asistente suele conocer muy bien tanto los procesos de la empresa como a las diferentes personas

del departamento, convirtiéndose así en una fuente de información y consulta muy eficaz. Esto es de especial utilidad sobre todo para los primeros meses, donde seguramente necesitarás preguntar las dudas que te surjan a muchos compañeros para realizar tu trabajo.

3. Como ya he dicho, el rol de el asistente en las relaciones sociales de un departamento suele muy relevante. Suele conocer las diferentes personalidades de los compañeros del departamento y llegado el momento puede ser una gran ayuda en la resolución de conflictos o para facilitar tu integración.

Por estas ventajas creo que es muy importante llevarse bien con el asistente del departamento. No obstante, quiero destacar que estas ventajas han de ser vistas en segundo plano en comparación con el verdadero motivo. Este no es otro que respetar a todos los compañeros por igual, demostrando la educación que todas las personas, sin excepción, deben tener.

Nunca sabes cuándo te vas a cruzar con una persona otra vez

Como has visto anteriormente, es muy importante que trates a todo el mundo por igual e intentes tener una relación cordial con todos tus compañeros. Esto hará tu estancia en al trabajo y tus tareas en sí más sencillas. Además, existe otra razón muy poderosa para intentar causar una buena impresión en todos los compañeros que vayas encontrando en tu vida laboral. Es más, debes intentar causar esta buena impresión también en el resto de personas con las que tengas trato a lo largo de tu carrera profesional, ya sean compañeros de tu empresa o trabajadores de otras compañías, como por ejemplo clientes, proveedores o incluso de la competencia.

La razón es la siguiente: a lo largo de tu vida laboral es muy posible e incluso probable que te cruces no una ni dos si no más veces con una misma persona. No sabes que te depara el futuro y puede ocurrir que en dicho futuro dependas de la persona que tengas hoy enfrente, sobre todo si te mueves en el mismo sector profesional.

Voy a poner el ejemplo de una situación muy típica en el ambiente laboral: una negociación de precios. Por mucho que luches por el bien de tu empresa, como es lógico y necesario, nunca debes perder las formas y la educación con respecto a tus interlocutores. No debes olvidar que ellos también hacen su trabajo. Puede que el rol de la persona que tienes sentada enfrente tuyo sea el de contrincante ahora, pero no descartes que en un futuro y por casualidades de la vida sea un posible jefe, este en una entrevista de trabajo de un puesto que hayas solicitado o cualquier otra circunstancia que se te pueda ocurrir. Es evidente que tienes que desempeñar tu trabajo profesionalmente lo mejor que puedas, pero siempre desde el respeto a cualquier persona con la que te cruces. Nunca sabes cuándo vas a encontrarte con esa persona otra vez.

No traslades las discusiones al plano personal

Un aspecto muy importante al empezar tu vida laboral es precisamente que te des cuenta de que precisamente es sólo eso, laboral. Intenta en todas las situaciones, sobre todo en las complicadas, ser profesional y no trasladar las cosas al plano personal. Es importante recalcar dos situaciones:

1. Cuando alguien critica tu trabajo o te ofrece un consejo, intenta entender su punto de vista y preguntarte calmadamente si tiene razón. Puedes utilizar esta crítica constructiva a tu favor para aprender y mejorar y, no

asumirla como una crítica a tu persona o tu forma de ser.

2. Más complicado es mantenerte en el plano personal cuando en una reunión comienza una discusión. Sin embargo, debes de ser consciente de que estas discusiones son algo normales en el mundo laboral. Mientras sea con educación y respeto, esto puede aportar muchas cosas buenas al trabajo, pudiendo convertirse en una fuente de buenas ideas. Es fundamental que no traspases nunca el plano profesional y pierdas la perspectiva laboral del conflicto. Por una parte, puede repercutir en la toma de decisiones y por tanto en la calidad de tu trabajo; por otra, puede hacer que tu vida personal se resienta, ya que estas discusiones pueden afectar a tu humor y por tanto a tu relación con la vida y con la gente que te rodea.

Como ya he dicho, es muy importante que asumas que un trabajo es solo eso, un trabajo. Tu objetivo principal no es hacer amigos íntimos, si no desarrollar tu labor de la manera más eficiente posible. Un gran paso para ello es asumir las discusiones en el ambiente laboral como algo normal, siempre que se hagan desde el respeto y la educación, sin dejar que estos pequeños enfrentamientos te afecten de forma personal.

Ayuda a tus compañeros siempre que puedas

Si quieres trabajar en una oficina con un buen ambiente laboral, tú también tienes la responsabilidad de fomentarlo y mantenerlo. Una buena forma de hacerlo es estando dispuesto a ayudar a tus compañeros con tareas cotidianas si te lo piden o incluso con algún asunto que no tenga directamente que ver con el trabajo. Voy a intentar explicar este concepto con un ejemplo:

A mí me encanta viajar y tengo la suerte de poder haber conocido bastantes lugares diferentes. Por eso, cuando alguien me pregunta por un sitio en el que ya he estado intento dar consejos útiles sobre qué visitar o qué hay que tener en cuenta para el viaje. Especialmente en mi trabajo en Alemania siempre ofrecía a mis compañeros mi ayuda con el idioma o con la tramitación de las reservas de entradas para las diferentes atracciones de sus vacaciones si era en español. Si alguien te pregunta sobre que ver en Andalucía, por ejemplo, no es lo mismo contestar "tienes que ver Granada", que explicarles qué ver en Granada e incluso enviarles el Link donde reservar las entradas para la Alhambra. Con esta ayuda, que va un poco más allá de lo que te han pedido inicialmente (o que ni siquiera te han pedido), vas a acortar las distancias personales y tus compañeros estarán más dispuestos a sacrificar parte de su tiempo para ayudarte más adelante cuando te haga falta.

Ya sea al recoger el lavavajillas del departamento, hacer una recomendación de un restaurante o arreglar la impresora, hay muchas situaciones a lo largo del día en la que puedes ofrecer tu ayuda a los compañeros sin que realmente te suponga un esfuerzo muy grande. Los beneficios reales que se obtienen con estas pequeñas acciones compensan con creces el tiempo invertido en ellas.

Interésate por las personas

Al igual que lo comentado en los apartados anteriores, lo que voy a tratar ahora no es exclusivo del ambiente laboral. Aun así, creo adecuado perder un par de minutos con este tema que va a ayudarte a que tu adaptación y aceptación social en tu nueva oficina sea mucho más rápida.

Al igual que en cualquier grupo social en que te veas envuelto en tu vida, es importante que te intereses por tus compañeros desde un punto de vista social y no sólo estrictamente profesional. Aun así, intenta no romper ninguna barrera de lo socialmente aceptado, preguntando cosas que no debas.

A lo largo de mi vida laboral he aprendido una cosa muy importante: El poder de estas cuatro palabras: ¿qué tal estás hoy? El simple hecho de preguntar a alguien qué tal se encuentra hoy, va a salvar o acortar la distancia con esa persona enormemente. Igual de importante que preguntar es escuchar lo que la otra persona está contando y recordar lo que es importante para ella. Voy a poner dos ejemplos:

1. Rubén tiene una compañera de despacho, Marta, que le cuenta que se va a pasar el fin de semana a la montaña con sus 3 hijos. No sólo le está contando algo que es relevante para ella, sino que le está brindando a Rubén una oportunidad para preguntarle la siguiente vez que la vea qué tal fue esa excursión. Así, Rubén le está demostrando a Marta que, además de haberle escuchado con atención, se ha preocupado por recordar algo que es importante para ella y se ha interesado lo suficiente como para preguntarle qué tal fue.

2. María tiene un compañero del despacho, Nacho, que le cuenta que tiene un nuevo cachorro de perro en casa y que está emocionado y contento. María no debe de desaprovechar la oportunidad de preguntarle de vez en cuando a Nacho qué tal va la adaptación de la mascota a la familia y que tal está su perro, que evidentemente es importante para Nacho. Incluso si le ha contado el nombre del perro, será muy bueno que se acuerde de éste y así demostrar que ha reservado un pequeño espacio de su memoria para algo que Nacho considera importante.

Además, si preguntas a los compañeros por cosas que les aporten sensaciones agradables (su mascota o una excursión con su familia), estos te van a asociar automáticamente a recuerdos positivos. Esto va a jugar un papel decisivo a la hora de relacionarte con ellos, ya que inconscientemente van a recordar esos sentimientos positivos al hablar o trabajar contigo.

De igual manera, si cada vez que alguien te pregunta "¿cómo estás?" respondes negativamente o tus temas de conversación son sobre asuntos poco agradables, vas a crear una imagen pesimista de ti. Igual que hemos visto en el caso contrario, evocarás involuntariamente unos sentimientos negativos. Transmitir buenas vibraciones siempre da buenos resultados.

Como idea principal recuerda con qué tipo de gente te gusta más pasar tu tiempo; y la repuesta suele ser clara, gente positiva que se preocupa por las cosas que te importan y te hacen sentir bien. Intenta entonces ser en la medida de lo posible una de esas personas. No sólo conseguirás ser aceptado más rápidamente, sino que también serás mucho más feliz.

Prepárate para conversaciones triviales

En este apartado quiero abordar un aspecto que, aunque parezca a priori menos importante, puede evitarte muchos silencios incómodos en los primeros meses en la oficina.

Al entrar nuevos en un grupo social es normal que sea difícil encontrar temas de conversación para paradas de trabajo más largas o incómodas, como puede ser por ejemplo el tiempo de espera en el ascensor, o la parada a la hora de comer. Yo recomiendo no hablar de temas de trabajo salvo que sea estrictamente necesario, y desde luego no empezar a hablar sobre temas laborales o temas polémicos salvo que estés seguro de que es aceptado o habitual en el departamento (véase apartado "Cumplimiento de las nuevas normas"). Si te encuentras con un silencio incómodo siempre puedes recurrir a temas más agradables y alejados de polémica. Puede que estés familiarizado con este concepto por su nombre en inglés "small talk".

Un ejemplo claro de estos temas es el deporte. Evidentemente no tienes que volverte un experto en todos los deportes; pero, aunque no seas un apasionado del tema, el gesto sencillo de no apagar el telediario en la sección de deportes puede permitirte entablar una conversación sobre este tema banal y así acabar con esos silencios incomodos.

Otros temas que pueden ser también muy útiles en estas situaciones son, por ejemplo, el cine o los viajes. Puedes preguntar sobre una película que esté en cartelera en ese momento o sobre los planes de tus compañeros para las próximas vacaciones o el fin de semana. Si tienes pensado pasar la Semana Santa en Lisboa, pregunta a los compañeros si alguno ha estado ya allí. Así romperás el hielo y de paso, con un poco de suerte, te llevarás algún consejo.

Por otra parte, evita a toda costa, y como ya he dicho en repetidas ocasiones, temas polémicos como política o religión. Estos pueden derivar en discusiones nada agradables, creándote problemas de entendimiento con otros compañeros en el futuro.

Despídete adecuadamente

A lo largo de este libro trato consejos y buenas prácticas para un trabajo nuevo y los primeros meses en una oficina. No quiero acabar este capítulo sin hacer un pequeño apunte sobre la despedida cuando cambias a un trabajo diferente. Lo que voy

Cómo enfrentarte a los primeros días y a las relaciones personales

a tratar en este apartado es muy importante, no sólo para un empleado que cambia un trabajo y por eso deja una oficina, sino también, y especialmente, para un trabajador en prácticas que deja un departamento al acabar su contrato. Como ya he dicho antes, nunca sabes cuándo te volverás a encontrar con un compañero a lo largo de tu vida profesional. Por eso es importante hacer por lo menos 3 cosas antes de dejar un departamento:

1. Ya mencioné en este capítulo que es importante al empezar en un departamento nuevo dar una vuelta por la oficina para saludar a los nuevos compañeros con el fin de presentarte (véase "Ronda de presentación en la oficina"). Considero igual de importante que a la hora de marcharte del departamento te acerques también a los despachos de tus compañeros para despedirte personalmente. Siempre tendrás alguna historia que recordar o alguna anécdota que comentar con cada uno. Esto es especialmente importante con aquellos con lo que quizá no hayas tenido una relación tan fluida. Así dejarás una última impresión buena y esta quedará como último recuerdo de tu paso por el departamento.

2. También es importante hacer una pequeña invitación de agradecimiento por el tiempo y las vivencias compartidas. Como dije anteriormente en el apartado "Invitar a nuestros compañeros a un pequeño detalle", esta despedida no tiene que ser ni mucho menos una invitación a un restaurante o algo excesivamente caro, pero sí considero que con unas tartas caseras o unas tortillas de patata vas a dejar un gran recuerdo en tu despedida. Las mismas reglas aplicadas entonces son válidas para este caso.

3. Por último, pero no por ello menos importante, considero adecuado escribir un mail de despedida a todas las personas con las que hayas tenido contacto

más o menos regularmente. Además de darte la oportunidad de despedirte por última vez, este correo electrónico te sirve para dejar a tus compañeros una forma de contactarte. Este contacto puede ser un teléfono, una dirección de correo electrónico o incluso un perfil en una red social laboral (por ejemplo, LinkedIn). Como ya he dicho varias veces en este capítulo, no sabes cuándo te vas a cruzar de nuevo con otra persona en tu vida. Imagina el siguiente escenario: has trabajado dos años con una compañera del departamento de calidad y dejas la empresa. Tres años después, esta compañera se ha cambiado a otra empresa y allí buscan una persona con tu perfil. Si has proporcionado una dirección de correo electrónico, va a poder contactar contigo y así no perderás esta buena oportunidad laboral. Como ya he dicho un poco más arriba, se pueden dejar diferentes formas de contacto, pero debido a su comodidad yo prefiero el correo electrónico o el contacto en una red social laboral

Cómo organizarte en el trabajo

En el capítulo anterior te he mostrado cómo adaptarte más rápido a tu nuevo departamento. Estos consejos son muy importantes a la hora de realizar tu trabajo, pero tampoco debes olvidarte de tus tareas en el día a día. Una buena organización personal es imprescindible a la hora de realizar tus tareas de una manera eficiente y efectiva. Un trabajador bien organizado es, sin ningún género de duda, un gran activo para una empresa. La organización personal se traduce en una de las cualidades más importantes que tenemos que poseer como trabajadores, la fiabilidad. Sólo aquel trabajador que se organice bien puede resolver sus tareas de forma estructurada y a tiempo. Además, si te organizas bien podrás manejar una gran carga de trabajo sin riesgo a dejar cosas importantes sin hacer.

Para la organización personal en el trabajo existen diferentes herramientas que iremos viendo en este capítulo y que te van a ayudar a tener éxito y a aumentar tu eficiencia. Una programación tanto de las tareas que debes realizar como de las reuniones a las que vas a asistir es fundamental a la hora poder abarcar todos los temas sin olvidar ninguno de ellos. Estas herramientas van desde las listas de tareas pendientes hasta la planificación del calendario.

Organiza tu vida privada

Una de las habilidades más importantes de un trabajador es sin duda la organización personal. Una persona que es capaz de organizar bien sus tareas y reuniones va a ser más eficiente y conseguir generalmente más éxitos que aquella que no lo haga. De nada sirve una gran formación, experiencia previa o una alta capacidad intelectual si van acompañadas de desorganización. Una persona organizada y fiable es en la inmensa mayoría de los casos un mejor trabajador para la empresa que otra persona muy brillante pero desorganizada.

En mi opinión, la organización y efectividad en el trabajo comienzan con una buena organización en el ámbito privado. Esto incluye especialmente el descanso que toda persona necesita. Si quieres rendir correctamente en el trabajo, asegúrate de tener las horas necesarias de descanso y sueño durante la semana. Por eso considero muy importante organizarse bien las actividades fuera del trabajo, ya que repercuten en el descanso y consecuentemente en el rendimiento posterior.

Además, una buena organización personal va a permitir que en el trabajo dediques menos tiempo a pensar qué tienes que hacer después fuera de él y así podrás dedicar tu concentración a las tareas laborales, sin distracciones. Aunque parezca una obviedad, quiero destacar que es importante dedicar el tiempo de oficina a trabajar; esto te ayudará a acabar las tareas en menos tiempo y por lo tanto a reducir las horas que estas en la oficina y a disfrutar después de tu tiempo libre.

De igual manera, una buena organización en el trabajo va a permitirte ir a casa con la seguridad de tener las tareas acabadas y con la tranquilidad de haber hecho los te corresponde. Así, podrás también disfrutar mejor de tu merecido tiempo libre. Es decir, cuando estés en el trabajo piensa en el trabajo, pero cuando estés fuera de él, olvídate hasta la mañana siguiente.

En resumen, quiero destacar que una buena organización, tanto privada como laboral, es en mi opinión imprescindible para conseguir una buena separación y conciliación de estos dos aspectos de la vida. Esta tarea no siempre es fácil, pero intenta poner todo de tu parte para poder conseguirlo. Sólo un correcto equilibrio te va a permitir realizar bien tu trabajo, a la vez que disfrutas de él.

Organiza el escritorio y los documentos

En mi opinión y basándome en la experiencia, se suele olvidar un aspecto fundamental del orden personal: la organización del escritorio, ya sea virtual como real. Tener un escritorio ordenado te permitirá encontrar los papeles importantes mucho más rápido y no perder o traspapelar ningún documento importante. Lo mismo ocurre con el escritorio virtual: yo recomiendo tener pocos iconos en el escritorio virtual ya que, si no, se corre el riesgo de perder o borrar los documentos sin querer.

Además, guarda y crea accesos directos a los links más importantes para tu trabajo, de tal manera que puedas acceder rápidamente a esos documentos o direcciones. A lo largo de mi vida laboral he visto muchas veces cómo se perdía el tiempo buscando en la red interna o en el propio disco duro determinados documentos. Te recomiendo además crear una pequeña lista donde estén todos los links apuntados, a la que siempre podrás recurrir o incluso compartir con tus compañeros.

Yo recomiendo que cojas la siguiente rutina al comenzar el nuevo trabajo: guarda siempre los documentos de forma apropiada con los links correspondientes. Cuando hayas hecho el proceso durante unas cuantas semanas seguidas, ya lo habrás interiorizado y no te supondrá ningún esfuerzo mantener el orden. Sin darte cuenta, habrás ahorrado mucho tiempo perdido en el futuro. Te voy a dar tres consejos prácticos, que te van a ayudar a ahorrar mucho tiempo:

1. Utiliza en la medida de lo posible la misma estructura de carpetas y subcarpetas: cuando guardes tus documentos intenta siempre seguir una lógica similar, así evitarás perder los documentos. Esto es especialmente importante cuando tengas carpetas que son usadas por varios usuarios: si todas las subcarpetas tienen la misma estructura, cualquier usuario podrá desenvolverse con soltura y encontrar los documentos que necesite.

2. Guarda los documentos con su fecha en el título: así, podrás encontrar rápidamente las versiones más recientes y, por lo tanto, válidas. Si utilizas la fecha como comienzo de título, lo cual considero obligatorio, los documentos parecerán ordenados directamente por fecha en el explorador. Yo utilizo siempre el siguiente formato de título para mis documentos: "AAAAMMDD_Título del documento", donde AAAA es el año, MM el mes y DD el día.

3. Archivas las versiones antiguas: En el caso de que se hagan muchas revisiones de un documento, crea una subcarpeta de archivo para guardar las versiones pasadas, para evitar así tener demasiados documentos en la vista principal del explorador.

Además de estos tres consejos prácticos, puedes crear y adaptar otras reglas que se adapten mejor a tu forma de trabajar.

Crea y actualiza una lista de tareas

A la hora de comenzar en un trabajo, y por supuesto a lo largo de toda tu vida laboral, es muy importante que completes las tareas a las que te comprometas o tengas pendientes, a poder ser siempre en el plazo asignado. Como ya he comentado en apartados anteriores, la fiabilidad es una de las cualidades más importantes de un trabajador. Más adelante te mostraré cómo priorizar las tareas y qué puedes hacer en el caso de que no puedas completarlas todas a tiempo.

Hay múltiples razones por las cuales una tarea determinada no puede ser completada, pero esta razón nunca puede ser el olvido. Hay personas que tienen muy buena memoria, pero incluso a estas se les puede olvidar alguna tarea si no llevan un control riguroso sobre ellas. Por eso, te recomiendo tener una lista de tareas pendientes o comúnmente llamada To-Do List. Existen cientos de maneras de llevar una To-Do List y a cada personalidad le funciona un tipo mejor que otro. Es importante que al principio de tu vida laboral te acostumbres a hacer un seguimiento de tus tareas y así, evitarás que se quede una tarea sin hacer por despiste. Debes decidir qué método te sirve mejor y a medida que vayas cambiando de empresas o funciones, adaptarlo a tus necesidades. Te voy a dar ahora algunos ejemplos de diferentes listas que puedes utilizar:

1. Una forma muy habitual de llevar una To-Do List es crear una lista de tareas en el programa de correo Electrónico (por ejemplo, Microsoft Outlook). La principal ventaja es que cuando recibas un Email que debas responder o que lleva una tarea descrita, puedes directamente incluirlo en tu To-Do List sin ningún esfuerzo y rápidamente. Bastará con que cliquees en la banderita que aparece en el encabezado del E-Mail en el caso de Microsoft Outlook. Además, puedes añadir más tareas creándolas directamente en el menú de tareas. Todos los programas de gestión de correo tienen funcionalidades parecidas.

2. Existen otros programas informáticos que te permiten llevar las tareas al día de forma electrónica. Además,

estas herramientas suelen facilitar mucho el trabajo para tareas que sean llevadas en equipo, ya que puedes compartirlas con tus compañeros sencillamente e incluso utilizar esta lista a modo de orden del día para las reuniones que tengáis sobre el tema en común. Por eso te recomiendo especialmente que las utilices en grupos de trabajo o en equipos de trabajadores de diferentes sectores de la empresa que tengan que resolver un problema común y en el que las tareas estén bien diferenciadas entre los diferentes departamentos. También en el caso de tareas que se tienen que delegar, estos programas informáticos permiten hacerlo rápida y cómodamente. Un ejemplo de programa accesible en la mayoría de las oficinas es el Microsoft OneNote, que está incluido en el paquete Office.

3. Otra opción que a mí me ha funcionado muy bien está alejada un poco de la tecnología y es utilizar un cuaderno para seguir las tareas sin resolver. En este caso, yo te recomiendo utilizar para cada periodo (día, semana) una hoja del cuaderno y reescribir las tareas al acabar ese mismo periodo. Si alguna tarea esta inacabada, y al tener que escribirla de nuevo en la lista, serás más consciente de lo que todavía tienes abierto. Además, y en mi caso, me obliga a hacer las tareas que me apetecen menos, con tal de no tener que reescribirlas otra vez. Debido a que es difícil de compartir y que lleva más trabajo actualizarla, sólo te recomiendo este tipo de To-Do List para tareas individuales y nunca para utilizarla en grupos.

Quiero destacar que la To-Do List, como se ha visto en el ejemplo anterior, puede tener un gran efecto motivador que puedes aprovechar. Por una parte, te obliga a afrontar aquellas tareas que sean menos agradables y por otra, te permite ver el progreso y darte cuenta de cuánto realmente consigues resolver cada día. La lista es especialmente motivadora cuando tengas la sensación de no avanzar o de "no conseguir nada": un simple vistazo a la lista te ayudará a ver que has conseguido ya resolver parte de los asuntos pendientes y que estás más cerca de la solución. Esta motivación cobra especial significado en las tareas que haya que desarrollar en equipo, ya que es fundamental para la dinámica y la moral del grupo ver los progresos que se van consiguiendo. Estos progresos deben ser comunicados y celebrados.

Como ya he dicho, hay muchas maneras de seguir tus tareas pendientes y tienes que escoger la que más se ajusta a tus necesidades, pero veo realmente necesario que utilices un sistema o método que te ayude a no olvidar nada. Aunque al principio tengas la sensación de que no te hace falta y de que eres capaz de recordar todo, es muy difícil que te des cuenta de cuándo son demasiadas tareas para que puedas recordarlas todas. Si no empleas ningún sistema, estarás abocado antes o después a olvidar alguna tarea importante, así que te recomiendo que incluyas estas rutinas desde el principio.

Organiza tu calendario

Otro aspecto fundamental para poder desarrollar tus tareas de forma metódica y aumentar tu eficiencia en el trabajo es una correcta planificación temporal. Es básico que tengas siempre una visión de conjunto de todas las actividades y reuniones pendientes, de tal manera que no olvides ninguna de ellas. Además, recomiendo en el caso de las tareas más complejas, que realices un plan temporal con las subtareas a realizar. Así podrás comprobar etapa a etapa cómo estás desarrollando el trabajo y podrás adaptarte en caso de imprevistos o retrasos.

Hoy en día los calendarios o agendas electrónicos se usan en casi todas las oficinas. Aun así, hay trabajadores a los que les funciona mejor una pequeña agenda personal, o imprimir al principio cada día las tareas y reuniones. Yo recomiendo utilizar agendas digitales por su sencillez, pero tienes que investigar qué sistema se adapta mejor a tu forma de trabajar. Elijas el sistema que elijas, aquí te voy a dar unos consejos que a mí me funcionan muy bien para organizarme y planificarme:

1. Diferencia las tareas y reuniones por colores: Así podrás ver de un vistazo qué reuniones están relacionadas entre sí y tratan sobre un tema común o cuáles debemos priorizar sobre otras. Además, podrás saber rápidamente cuánto tiempo le estás dedicando a cada tema.

2. Prepara el día: es importante dedicar unos minutos al principio del día para ver que tareas y reuniones tienes por delante y cómo vas a organizarte en consecuencia. Estos pocos minutos te servirán para comenzar el día y los puedes utilizar a modo de "calentamiento" para todo lo que tengas que realizar en las siguientes horas. Al igual que cuando haces deporte es necesario que calientes los músculos, te recomiendo que utilices esta actividad rutinaria para preparar tu cabeza para el resto del día.

3. Repasa el día: igual que hemos visto en el punto anterior, dedicar cinco minutos al final del día a repasar lo que has hecho en el día te puede servir para cerrar las cosas importantes y pensar qué puedes mejorar para el futuro. También aprovecha estos pocos minutos para repasar tu To-Do List y asegurarte que no dejas ninguna tarea importante sin acabar.

4. Comparte tu calendario: considero muy útil compartir tu calendario con dos o tres compañeros de tu departamento, para que sepan donde localizarte en el

caso de que sea necesario, o si tienen que priorizar alguna reunión sobre otra tuya. En mi departamento actual, todos tenemos acceso al calendario del resto de compañeros. Así podemos saber rápidamente cómo distribuirnos las tareas y cuando conseguir el tiempo necesario para ayudarnos. Como no es algo que se haga en todas las empresas, pregunta antes si es una práctica extendida en la tuya, antes de liberar tu calendario.

5. Actualiza el calendario: Para poder sacar el máximo provecho de tu calendario es necesario que esté permanentemente actualizado. Si un día no vas a estar en la oficina o te vas a ir antes por una visita al médico, por ejemplo, bloquea ese tiempo en tu agenda, como si de una reunión se tratase. Esto no sólo te ayudará a la hora de organizarte y planificar tus tareas, si no que facilita enormemente el trabajo de tus compañeros: con estos bloques, sabrán cuando pueden invitarte a una reunión o ir a tu sitio para consultarte algo. En el caso de que sea un tema personal y tengas tu calendario compartido, puedes activar la opción de reunión privada en tu programa informático, así tus compañeros sabrán que no estás disponible pero no podrán ver qué haces exactamente.

6. Bloquea tu calendario: Por último, quiero destacar la importancia de bloquear el calendario para no recibir invitaciones a reuniones si necesitas un tiempo de concentración y tranquilidad para acabar alguna tarea importante que así lo requiera. Te voy a poner el siguiente ejemplo: si sabes que tienes que entregar una presentación que lleva tiempo y necesitas concentrarte, es muy útil bloquearte el tiempo necesario en el calendario para poder prepararla como es debido. Si necesitas cuatro horas puedes organizar durante la semana dos bloques cada uno de dos horas de tal manera que así, te estás garantizando el tiempo

necesario para acabar la tarea. Mucho del tiempo que vas a pasar en la oficina será utilizado para reuniones, pero es imprescindible que saques el tiempo necesario para realizar tu trabajo bien y no te queden tareas pendientes. Estos bloques "para trabajar" son muy útiles para ello. Siguiendo el código de colores del punto primero, puedes utilizar siempre el mismo color para estos bloques. Así tú y tus compañeros (si como te he dicho has compartido el calendario) podréis identificarlos de un vistazo.

Ten una actitud positiva

Una de las frases populares que más me gustan y que se puede aplicar perfectamente al mundo laboral es "la actitud vale más que la aptitud". A lo largo de mi vida laboral he encontrado muchos ejemplos de personas con unas calificaciones, estudios o incluso nivel intelectual muy altos pero que debido a no tener la actitud adecuada no eran buenos en su trabajo.

Por una parte, con tu preparación y si eres constante y meticuloso con las rutinas que te doy en este libro, tienes las herramientas para resolver tus tareas a plazo y con buena calidad. Para una empresa es, sin ninguna duda, más valioso un trabajador que resuelve todas sus tareas bien y a tiempo, que otro que no realiza a tiempo todas sus tareas, por muy brillantemente que resuelva algunas.

Por otra parte, tener una actitud positiva ante los nuevos retos y disposición a aprender y aceptar humildemente los consejos te va a facilitar mejorar continuamente en el trabajo. Por ello, y aunque en principio y por ser nuevo partas con desventaja en los conocimientos con respecto a otros compañeros más experimentados, con una buena actitud podrás aprender y superar con creces esas carencias iniciales. Como ya he dicho anteriormente, es mucho mejor para una empresa un trabajador que, pese a no tener unas calificaciones tan brillantes o un currículo tan impresionante, sí demuestra una actitud de mejora y aprendizaje constante.

Lo que acabamos de ver te va a valer para valorar a todas las personas independientemente de su preparación previa o su puesto en la empresa, como ya vimos en el apartado "Respeta los compañeros de departamento". Pero también es muy importante que te respetes a ti mismo. No infravalores tus capacidades frente a las de otros compañeros y recuerda siempre que con esfuerzo y una buena actitud puedes superar cualquier dificultad.

Reserva tiempo para pensar, concentrarte y descansar

Un buen descanso y suficientes horas de sueño son dos cosas fundamentales a la hora de rendir en el trabajo. También, es importante que dispongas de ciertos momentos de tranquilidad durante la jornada laboral para asentar las ideas, descansar la mente y despejarte. En toda mi vida laboral no he conocido a nadie que sea capaz de estar totalmente concentrado ocho horas o más al día. De hecho, la experiencia me dice que una parada de cinco minutos cada cierto tiempo para estirar las piernas o respirar aire fresco puede mejorar mucho el rendimiento.

No estoy diciendo que cada diez minutos te tomes un descanso, pero sí que el simple hecho de, cada cierto tiempo, asomarte a la ventana, dar un paseo a por un vaso de agua o una taza de café y estirar las piernas un momento entre tareas te va a permitir concentrarte mucho mejor.

No veas estas paradas como una pérdida de tiempo, sino más bien una inversión de tiempo para aumentar tu eficiencia. Te recomiendo incluso programar estas pausas siempre que sea posible y tener la disciplina de llevarlas a cabo, aunque algún tema te agobie en un determinado momento. Evidentemente, siendo flexible cuando sea necesario. Un cierto nivel de estrés puede elevar la productividad de un trabajador, pero superado ese nivel lo único que consigue es bloquear la mente y empeorar la salud y la productividad de la persona. Muchas veces, cuando recibas un encargo o tarea urgente lo mejor es que no te pongas directamente a resolver el problema en sí. Tómate cinco minutos para pensar relajadamente y sin agobios qué vas a hacer y cómo lo vas a hacer. Lo más seguro es que así comiences la tarea en la dirección correcta, evites muchos errores y, a la larga, ahorres tiempo.

Además, está más que demostrado que un pequeño paseo, aunque sea de un minuto, es necesario cada cierto tiempo: la espalda necesita estos descansos de estar sentado y a la larga evitarás paradas mucho mayores o dolores innecesarios. También, dar un paseo corto favorece la circulación y facilita el trabajo de tu corazón. Puede que en tus primeros trabajos no te parezca tan importante debido a tu edad, pero si tienes un trabajo en el que pases mucho tiempo sentado es fundamental para tu salud que des estos paseos. Si no lo haces, antes o después aparecerán los problemas de salud.

Estas paradas pueden ser muy productivas si las realizas con tus compañeros. Muchas de las buenas ideas que he tenido a lo largo de mi vida, han sido precisamente en estos momentos de descanso o en una charla informal con compañeros con un café de por medio. En este ambiente distendido se pueden afrontar los problemas desde otras perspectivas diferentes y encontrar nuevas maneras de solucionarlos.

Prepara tus ausencias

Antes de empezar tus merecidas vacaciones es importante que dejes los temas bien atados para que no haya problemas durante el tiempo que no estés. Lo mismo ocurre en el caso de ausencias prolongadas, como una baja programada o una excedencia. Los siguientes puntos pueden ayudarte:

1. Crea una Checklist: escribe en esta lista todos los puntos que tienes que cerrar antes de tu ausencia y repásala diariamente. Así evitarás olvidarte de los temas importantes. En esta lista incluye cuándo tienen que estar las tareas concluidas y vete tachándolas a medida que las vayas cerrando.

2. Informa de tu ausencia: Para empezar, debes comunicar a aquellos que trabajan contigo tu ausencia con el debido tiempo. Así podrás cerrar los temas antes de marcharte y no habrás dejado todo para el último día o para tu vuelta.

3. Elige un sustituto: es importante tener a alguien que te sustituya para temas urgentes durante tu ausencia. Facilita la tarea a tu sustituto en todo lo que puedas. Para ello, es bueno que cierres todos los temas que puedas antes de marcharte y, si esto no es posible, hacer un traspaso de los temas ordenado. Te recomiendo preparar una pequeña guía sobre qué temas están abiertos y qué es lo que se debe realizar en cada caso. Repasa esta guía con tu sustituto para poder resolver las posibles dudas que le surjan antes de irte. Una forma que yo utilizo para hacer este traspaso es un documento de Excel donde aparece un listado de todos los temas y los siguientes puntos para cada tema:

    a. Nombre del tema

b. Link a los documentos y carpetas más importantes

c. Quién puede necesitar la información en el futuro

d. Quién puede ayudar a resolver el tema si fuese necesario

e. Posibles preguntas que puedan surgir relacionadas

4. Configura una respuesta de correo automática: Por último, es obligatorio configurar un mensaje automático en tu cuenta de correo para que aquellos que te escriban sepan que no estás disponible, que no vas a leer el correo y que los temas no serán resueltos hasta una determinada fecha para que puedan actuar en consecuencia. En este mensaje tienes que nombrar a tu sustituto, dejando muy claro en el mensaje que el contacto está disponible solo para casos urgentes. Además, incluye en el mensaje la fecha concreta de tu vuelta. Así el que te quiera contactar sabrá cuándo vuelves a estar disponible y actuar en consecuencia.

5. Bloquea tu calendario: así evitarás que te inviten a reuniones cuando no estás y tus compañeros sabrán con certeza cuándo estarás de vuelta.

Estos aspectos que acabo de contar aquí tienen igual validez a la hora de dejar un trabajo indefinidamente. Debes hacer un traspaso de los temas de la forma más estructurada posible y facilitando en lo máximo el trabajo de los compañeros que permanecen en la empresa.

Aprende a decir no si es mucho trabajo

Para acabar este capítulo he dejado para el final el que, en mi opinión, es el tema con el que más gente encuentra dificultades, siendo sin embargo de vital importancia en la organización personal. Una de las cosas más complejas y a la vez más importantes a la hora de organizarte es priorizar correctamente las tareas que tienes por delante, ya sean tareas individuales o colectivas. Durante mi vida laboral he visto pequeñas dificultades convertirse en problemas graves simplemente porque las tareas no se priorizaron adecuadamente y se antepusieron algunas que parecían urgentes, aunque de poca importancia, a aquellas que realmente eran relevantes, pero más distantes en el tiempo y aparentemente no tan urgentes.

Una herramienta muy útil a la hora de poder priorizar las tareas es la matriz de Eisenhower. Los ejes de esta matriz lo componen, por un lado, el plano temporal de las tareas, y por otro, la importancia de estas. La matriz de Eisenhower tiene este aspecto:

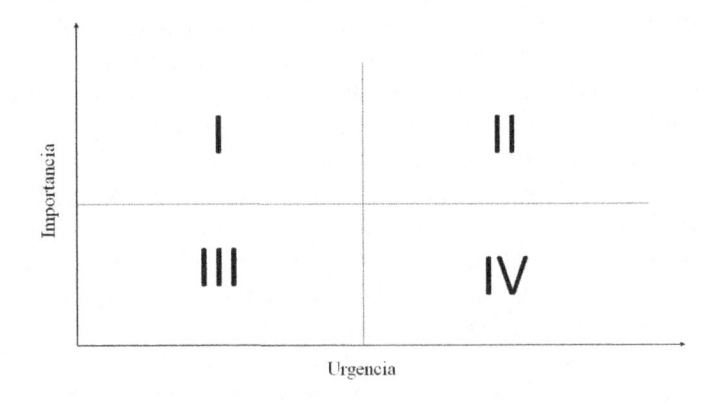

Con ayuda de esta sencilla matriz, puedes diferenciar las tareas en cuatro categorías:

I.   Tareas **importantes** y **urgentes**: en este caso los siguientes pasos están muy claros. Tienes que ponerte a trabajar en esta tarea sin más dilación y resolverla lo antes posible.

II.   Tareas **importantes**, pero **no urgentes**: suelen ser tareas de más duración. En este caso, es importante que tengas un plan con las diferentes actividades que has de realizar para completar esta tarea y cuándo tienen que estar acabadas. Con esto conseguirás reducir la complejidad del problema e identificar posibles actividades que entran en la categoría I. Es especialmente importante que el tiempo necesario para resolver estas tareas del grupo II no lo malgastemos en tareas de los grupos III y IV. Si una tarea II no se resuelve a tiempo, pasará al grupo I, aumentando tu nivel de estrés y disminuyendo la calidad de tu trabajo. Para poder completar estas tareas, te recomiendo que reserves para ellas tiempo en tu calendario, como viste en el apartado "Organiza tu calendario".

III.   Tareas **no importantes**, pero sin embargo **urgentes**: en esta categoría debes tener dos consideraciones en cuenta. La primera es si no puedes delegar estas tareas en otra persona con más tiempo o menos responsabilidades (por ejemplo, un estudiante en prácticas). La segunda es que, como has visto anteriormente, no te roben tiempo para temas de la categoría I o II. Te recomiendo realizar estas tareas en aquellos momentos del día o de la semana en que, por razones lógicas, no tengas tanta motivación o concentración, como un viernes a última hora o en un rato "perdido" entre reuniones, pero no en tus momentos de máxima concentración.

IV.   Tareas **no importantes** y **no urgentes**: en esta última categoría, cuestiónate si realmente la tarea se debe hacer o no. Si no es importante y no es urgente, debes directamente eliminar esta tarea.

Una vez que hayas priorizado tus tareas, podrás saber si realmente eres capaz de realizar todo el trabajo que tienes por delante y podrás organizar tu calendario como has visto anteriormente. Si no es así, comunícaselo lo antes posible a tu superior o responsable. Para cualquier jefe es muchísimo mejor saber a tiempo que un trabajador no va a poder realizar ciertas tareas y buscar una solución al problema, que enterarse sin tiempo de reacción de que la tarea va a quedar incompleta. En el segundo caso, no va a tener prácticamente alternativas para solucionar el problema. Además, con tiempo y en colaboración con tu superior podrás priorizar las tareas de las categorías I y II, y delegar o eliminar las de las categorías III y IV.

También es importante que aprendas a rechazar o declinar aquellas tareas que no sean tu responsabilidad, especialmente si van a impedir que realices correctamente aquellas que sí entran en tus competencias. A lo largo de tu vida laboral te vas a encontrar muchos compañeros que son expertos en eludir sus responsabilidades y conseguir que otros hagan el trabajo por ellos. Aprende a rechazar educadamente las tareas y en caso de no estar seguro de si la tarea te corresponde o no, pregunta a tu responsable.

Cómo preparar el material de una presentación

Todo el mundo sabe que una buena imagen personal es fundamental a la hora de ir a trabajar. Como ya has visto en el capítulo anterior, nadie duda de que hay que llevar la ropa limpia o estar aseado, ya que es una manera de presentarte ante tus nuevos compañeros. Esto que parece tan evidente, es olvidado frecuentemente a la hora de dar a conocer el trabajo a los compañeros, es decir, al presentarlo. Cuando prepares una presentación en el trabajo (por ejemplo, en Microsoft PowerPoint), dedica el mismo esmero en que dé una imagen limpia y aseada. Más adelante en el capítulo "Cómo presentar en público", te explico cómo debes preparar la puesta en común de la presentación con tu público objetivo. En este capítulo vas a ver los aspectos más importantes que debes de tener en cuenta a la hora de preparar el material de una presentación. Al fin y al cabo, y como ya he dicho, es la presentación de tu trabajo.

Ten en cuenta que el objetivo no es hacer una presentación para tal jefa o tal compañero; el objetivo que tienes al preparar unos folios o unas diapositivas es mucho más concreto: quieres que, por ejemplo, una persona decida sobre un tema, que acepte una propuesta tuya o informar sobre un tema importante. Concibe la presentación siempre bajo esta premisa: mantener la atención de tu público sin perder el foco del objetivo que te has marcado. No pierdas este objetivo nunca de vista a la hora de crear tus folios o diapositivas. Todo lo que incluyas en la presentación tiene que estar encaminado a conseguir ese objetivo u objetivos.

Siempre he oído la siguiente frase "Hacer una presentación es muy fácil, lo puede hacer todo el mundo". Puede ser que sea verdad, pero entonces ¿por qué no todo el mundo hace las presentaciones bien? No estoy hablando de que el contenido sea correcto o no, simplemente me refiero a que, por desgracia, muchas presentaciones que he visto a lo largo de mi carrera profesional tienen errores de bulto. Estos errores dañan la imagen de la presentación y distraen de lo que realmente importa, de su contenido. Una mala preparación de la presentación puede arruinar los conceptos o ideas que se quieren exponer.

Con un conjunto de reglas básicas, vas a conseguir que la imagen que muestra tu presentación sea más profesional aumentando así tus posibilidades de éxito, o por lo menos de ser escuchado con atención.

Antes de comenzar quiero aclarar que me refiero a presentaciones realizadas con un programa informático (Microsoft PowerPoint o similar), al tratarse del medio más utilizado según mi experiencia, para presentar los temas.

No olvides los pies de página

Una cosa muy importante a tener en cuenta en una presentación es el público a quién está dirigida. Es muy probable que para ti sea LA presentación, pero es también probable que el oyente haya visto varias presentaciones durante la semana, o incluso en el mismo día. Puede ocurrir que este público también este durante la presentación pendiente del ordenador, el teléfono o simplemente haya dormido mal, tenga hambre o cualquier otra cosa que le haga distraerse. Por eso es muy importante que, a pesar de estar distraídos, puedan "aterrizar" de nuevo lo más rápido posible en la presentación, saber quién se dirige a ellos y qué tema se está tratando. Esto se consigue de dos maneras:

1. En el pie de página de cada diapositiva debe estar claro el tema general de la presentación. Tiene que ir directamente al grano y ser para toda la presentación igual, para ayudar a tu público a aterrizar y situarse rápidamente en el tema. ¿Es la presentación de resultado trimestrales o es la implementación de un software nuevo? En el primer caso puedes titular tu presentación, por ejemplo, "Análisis de resultados tercer trimestre 2019". Este título aparecerá en todas las diapositivas en el pie de página, o por lo menos una forma abreviada como puede ser "Análisis resultados 3T 2019". Así, cualquier persona que se vea cualquier folio de nuestra presentación sabrá exactamente el tema que se está tratando, sin necesidad de más explicaciones.

2. Es muy importante también que en el pie de página este indicado quién presenta (es decir, quién eres tú). El nombre concreto de la persona es muy importante, pero prescindible dependiendo del escalafón del público. Por ejemplo, a un presidente ejecutivo no le dirá mucho que Andrés Queipo ha hecho la presentación; sin embargo, sí que le será de mucha utilidad saber qué departamento o grupo ha hecho la presentación. Automáticamente será capaz de entender bajo qué punto de vista se le está comunicando la información y posiblemente cómo interpretarla. Es muy diferente la información que proporciona un departamento de ventas, que la que me aporta el departamento de logística, por ejemplo. Si la presentación ha sido hecha conjunta entre varios departamentos, deberá aparecer aquel departamento que tenga la responsabilidad última o principal sobre la presentación.

Para poder entender este y los siguientes apartados, voy a plantear la presentación como un viaje. En este ejemplo, el pie de página dice en qué aeropuerto aterrizas. Es decir, te sitúa en el mapa.

Actualiza la fecha

A todo el mundo le gusta sentir que es tenido en cuenta, y que la presentación que se enseña está hecha o por lo menos actualizada para su reunión. Un pequeño gesto como cambiar la fecha en el pie de página, indica que has preparado la reunión o por lo menos has actualizado la presentación para esa reunión en concreto. Es otra forma de decir a tus oyentes: "he hecho la presentación para vosotros, por favor prestadme atención".

Te puedes plantear la siguiente pregunta, ¿cómo vas a exigir a alguien que preste atención a lo que quieres comunicarle si tú no has dedicado ni dos minutos a adecuar tu presentación? No creo que sea necesario responder a la pregunta.

Incluir la fecha en la presentación tiene el valor añadido de dejar constancia del momento concreto de dicha información. Así, una persona que vea la presentación un tiempo después, puede saber bajo qué circunstancias se escribió y en qué momento concreto. En el mundo laboral es frecuente tener que revisar presentaciones realizadas incluso varios años antes. Además, introduciendo la fecha en la presentación estarás facilitando la tarea de crear las actas de las reuniones, como verás más adelante en este libro.

Volviendo al ejemplo del viaje, la fecha te indica a qué hora llega el avión al aeropuerto, ya conocido.

Elige correctamente los títulos de cada folio

Como ya has visto en el apartado de "Pies de página", es importante que tus oyentes puedan aterrizar rápidamente en el tema. Pues bien, mientras el pie de página da una descripción muy general del tema, los títulos de cada folio deben ser capaces de indicar de qué estás hablando en ese momento concreto. Siguiendo con el ejemplo del viaje, el pie de página indica en qué aeropuerto y a qué hora acabas de aterrizar, mientras que el título deja claro en qué zona del aeropuerto te encuentras. De igual forma que en un aeropuerto es importante saber si estás en la zona de recogida de equipaje, en el check-in o en las puertas de embarque, es importante saber si en la presentación te encuentras en la descripción de la situación actual, en la presentación de alternativas o en la toma de decisiones. Al igual que las señales del aeropuerto, los títulos de cada folio deben indicar los diferentes apartados de la presentación. Así el oyente sabrá en seguida qué esperas de él en cada momento.

Para explicar este apartado, imagina que Carlos tiene que hacer una presentación solicitando el presupuesto para adquirir un nuevo programa informático. Te voy a poner dos ejemplos de los títulos que podría utilizar en su presentación:

1. En el folio donde explica qué programa se utiliza en la actualidad, puede comenzar el título con, por ejemplo, las palabras "situación previa". Con este título, el público sabe que "sólo" debe por el momento escuchar y entender.

2. Al llegar al apartado de la toma de decisión, donde Carlos va a plantear comprar le software A o el B, Carlos necesita una interacción o respuesta por parte del público. En este caso puede comenzar el título con las palabras "presentación de alternativas" u

"opciones". Su público objetivo sabe con este título que va a asumir un rol más activo, y que se espera algo de él.

Resumiendo: Con los títulos de los apartados estás explicando al oyente qué esperas o necesitas de él.

No escribas una novela

Un problema muy habitual a la hora de hacer una presentación es intentar poner o explicar absolutamente TODO. La información es buena en sí misma, pero si incluyes demasiada corres el riesgo de que el mensaje principal se pierda, y además de camino perderás también la atención del público.

El objetivo principal de tu presentación es que se comprenda tu mensaje y se llegue a los acuerdos necesarios o se tomen las decisiones pertinentes. Por todo ello tienes que reducir la presentación a gráficos, imágenes o tablas que sean fáciles de comprender, acompañados de frases cortas que sirvan para explicarlas, sin textos largos que solo añaden confusión a la presentación. Además, cuando tengas que exponer la presentación en público, los oyentes se pondrán a leer esos textos completos en vez de escuchar lo que tienes que contarles. Por todo ello, es fundamental que los mensajes importantes queden muy claros y toda la prosa innecesaria quede fuera de tu presentación.

Para que comprendas mejor este apartado, te voy a dar tres trucos sencillos que te van a servir como comprobación antes de entregar tu presentación:

1. Utiliza frases cortas de no más de 25-30 palabras.

2. Elimina las palabras innecesarias, en especial los adverbios acabados en -mente. Te garantizo que más de la mitad de estas palabras no aportan nada.

3. Sustituye los adjetivos por cifras y datos. No es lo mismo decir "la antigua línea de producción es más lenta" que "con la antigua línea de producción se montan un 34% menos de piezas". ¿Con cuál de las dos frases crees que se puede tomar una decisión más fundada?

Tres preguntas clave para plantear tareas o decisiones

Uno de los objetivos más habituales de una presentación es definir una tarea y su responsable o conseguir una decisión.

En el caso de que quieras definir una tarea, es fundamental que quede bien definida y acotada. También debe quedar claro quién hace la tarea y hasta cuándo. Para ello, es suficiente que formules con claridad estas tres preguntas.

1. Qué tarea hay que afrontar

2. Quién tiene la responsabilidad de realizarla y/o coordinarla

3. Para cuándo tiene que estar la tarea concluida

Si el objetivo de tu presentación es una decisión sobre el tema tratado, es de nuevo muy importante que esta decisión quede formulada de manera clara y concisa. Esta decisión ha de ser tomada por una persona o un grupo de personas, que por lo general va a ser el público objetivo de la presentación. Debe de estar muy bien especificado quién ha de tomar esa decisión y cuándo ha de ser tomada. Voy a explicar este concepto con un ejemplo:

Juan necesita que la directora de compras de su compañía, Isabel, aumente los recursos temporalmente para poder conseguir los objetivos propuestos para ese año. Juan puede formular en su presentación la decisión que necesita de diferentes maneras.

1. Decisión: "Aumento de la capacidad para acelerar el proyecto de compras de nuevas telas rojas"

2. Decisión: Aprobación de 3 puestos de trabajo para una duración de 3 meses y coste de 12.000€ para el proyecto de compras de nuevas telas rojas (Isabel, 21.05.2019)

Imagina ahora que Isabel ya ha tenido tres reuniones esta mañana, dos discusiones con el departamento de recursos humanos y además ayer estuvo en un concierto y por lo tanto se fue más tarde a dormir. Es muy probable que, con la primera opción, Isabel no se dé por aludida y ni siquiera comprenda que ella, activamente, deba hacer algo. Sin embargo, con la segunda opción está muy claro qué tiene que hacer y hasta cuándo tiene que hacerlo.

Parte siempre de la base de que tu presentación no es la única presentación que tu público objetivo escucha hoy. Además, y lógicamente, no es el único tema que tienen en la cabeza. Cómo has visto anteriormente en el caso de las tareas, a la hora de plantear una decisión, tienes que formular las siguientes cuestiones de manera clara y concisa:

1. Qué decisión hay que tomar

2. Quién debe tomar la decisión

3. Hasta cuándo tiene que ser tomada la decisión

Resumiendo: cuánto más concretamente esté definida la decisión o la tarea, más posibilidades de éxito tendrás.

Usa las plantillas disponibles

De nuevo este es un tema que parece obvio, pero en el que por desgracia se falla con frecuencia. Si trabajas en una empresa lo suficientemente grande, tendrás a tu disposición unas plantillas para presentaciones prediseñadas. Es obligatorio utilizarlas y comprobar que utilizas la última versión disponible. En grandes empresas es muy habitual que estas plantillas se actualicen con nuevos colores corporativos, con cambios de nombre o logo de la empresa o simplemente el aviso legal (comúnmente llamado "disclaimer", su acepción en inglés) al final de la presentación. De nuevo es una forma de mostrar interés el que la presentación se ajuste a las directrices actuales.

En el caso de que sea una empresa pequeña, es posible que no exista una plantilla. En este caso, habla con algún compañero para utilizar una de las presentaciones antiguas y así utilizar un formato al que tus superiores y compañeros estén ya acostumbrados.

Si tampoco encuentras una presentación previa, intenta crear tú mismo la plantilla. Es importante que la fuente utilizada sea clara y que los colores no sean estridentes. Para ayudarte en la tarea existen muchas guías online, con consejos muy prácticos y útiles, e incluso las plantillas prediseñadas del propio Microsoft.

Tu mensaje tiene que ser coherente

Como ya he comentado antes, al preparar una presentación tienes que tener claro el objetivo de esta. Para llegar a este objetivo, es importante contar una historia lógica y coherente. Seguro que te acuerdas de lo que te enseñaron en el colegio respecto a la estructura de los cuentos. Estos tienen una presentación, un nudo y un desenlace. Pues debes entender tu presentación como una especie de cuento con la misma estructura. Esta diferenciación es muy clara en el caso de que el objetivo de tu presentación sea la toma de una decisión.

1. Presentación: comienzas con la presentación de la historia. Esto no es otra cosa que dejar claro la situación actual y cómo o por qué se ha llegado a esta situación. Lógicamente la profundidad de tu explicación depende mucho de quién es tu público.

2. Nudo: en este caso son las posibles alternativas que tienes y las consecuencias a las que estas llevan. Preferiblemente, resumes todas las alternativas en una sola diapositiva, donde se exponen todos los hechos relevantes y las consecuencias de estas alternativas. A este cuadro resumen se le suele llamar matriz de decisión.

3. Desenlace: no es otra cosa que lo comentado en el apartado "Planteamiento de decisiones o tareas". Necesitas una decisión, que ha de ser tomada por una persona determinada y antes de una fecha concreta.

Todas y cada una de las palabras, imágenes o gráficas que utilices en la presentación tienen que ser coherentes con dicho objetivo y han de llevar a tu público al momento final de tomar dicha decisión, al igual que las historias en el colegio te llevaban a su desenlace.

Cuántas diapositivas debe tener tu presentación

En mi opinión, uno de los mayores errores que se cometen a la hora de preparar una presentación es tender a alargarla más de la cuenta con más diapositivas de las necesarias. Como ya dije antes, una presentación no es una novela.

Al tener muchas más diapositivas que tiempo para presentarlas, con toda seguridad tendrás que pasar alguna demasiado rápido o incluso saltarla deliberadamente. Esto, puede dar una de las siguientes impresiones, que debes evitar a toda costa:

1. Lo primero que se te pasa por la cabeza cuando alguien pasa por alto una diapositiva es si realmente se ha preparado la presentación o si es copiada de otra persona. De un plumazo y sólo con este gesto, puedes perder la atención o el respeto del público.

2. La otra opción posible es que des la impresión de querer ocultar algo, ya sea un dato, un gráfico o un hecho relevante de esa diapositiva. En este caso, corres el riesgo de perder tu credibilidad ante la audiencia, siendo la consecuencia entonces peor que la comentada anteriormente.

Por ello debes preguntarte si realmente una diapositiva es necesaria, y en caso contrario eliminarla sin miramientos. Si sólo una pequeña parte de la información es relevante, intenta adaptarla o introducirla en otra diapositiva. Pero como ya has visto unas líneas más arriba, una diapositiva que está de más es mucho más dañina que no tenerla.

En el caso de que no estés seguro de que pueda surgir una determinada pregunta, puedes añadir todos los folios que creas convenientes al final de la presentación, en una sección de apoyo. Delimita esta sección claramente con una diapositiva en blanco y las palabras "apoyo" o en su versión inglesa "back-up".

En el caso de una presentación el refrán "lo bueno si es breve, dos veces bueno" es en mi opinión muy acertado.

Utiliza los mismos tamaños y posiciones para títulos e imágenes

Una presentación tiene que tener una consistencia en el mensaje que envía y además un cierto ritmo o historia que guíe hacia el objetivo que te has marcado. Pero una buena presentación debe tener además una consistencia en su apariencia. Los cambios de estilo dentro de una presentación hacen que esta sea más difícil de seguir y comprender.

Si permanentemente aumentas el tamaño de los gráficos con el objetivo de que los folios se "llenen" o reduces el tamaño de la fuente para que "quepa todo", lo único que conseguirás será perder la atención de tu público. Hay que facilitar el trabajo de tus destinatarios haciendo que sea lo más fácil posible seguir la presentación y con ello la argumentación. Es mejor que dejes un poco de espacio libre, elimines una información no relevante o incluso añadas una diapositiva, que cambiar permanentemente el tamaño de fuentes, gráficos o tablas en la presentación.

Evita las faltas de ortografía y gramática

Una presentación con fallos gramaticales o faltas de ortografía da la impresión de no estar bien preparada (y posiblemente sea así). Si has preparado bien tu presentación, no dejes que una falta tonta de ortografía te estropee todo el trabajo que has hecho y que tanto esfuerzo te ha costado.

Formúlate la siguiente pregunta: ¿Cómo vas a convencer al oyente de que el tema que presentas es importante o la decisión es necesaria si ni tú mismo has respetado tu trabajo y has hecho una corrección de la presentación? Si la presentación está destinada a un público grande o a cargos superiores de la empresa, deja que algún compañero la revise; al fin y al cabo, todo el mundo comete errores y es posible que a ti se te haya pasado alguno al revisar.

Las faltas de ortografía y gramática son simple y llanamente inaceptables.

Revisa los datos de tu presentación

Es muy probable que a lo largo de la presentación expongas y utilices muy diversos datos. Es fundamental que revises todos esos datos muy bien antes de entregar la presentación, especialmente si necesitas que tu oyente tome una decisión en una dirección u otra.

Pongo un sencillo ejemplo: A Laura, jefa de producción de una empresa de lavadoras y le presentan un nuevo proceso de automatización de la producción, que pese a requerir una inversión de 100.000€ puede hacer que se produzca cada lavadora más barata. El potencial es realmente bueno, ya que, al ritmo de producción actual, se puede amortizar la inversión en poco más de un año. Como el próximo modelo sale en 3 años es un cambio realmente rentable. Estos datos son claros y visibles para Laura en la última diapositiva donde está definido qué tiene que decidir y antes de cuando ha de hacerlo.

Sin embargo, en el cuarto Folio de la presentación aparece la misma inversión, pero esta vez es de 1.000.000€. Fíjate que el simple error de añadir un cero, que le puede pasar a cualquiera, ha multiplicado por diez la inversión necesaria. Como Laura tiene buena memoria, se acuerda perfectamente de la inversión de 1.000.000€ nombrada en el folio cuatro. Los números no cuadran.

Como jefa de producción que es Laura, la decisión más prudente en este caso es no aceptar la inversión y exigir que el tema sea presentado otra vez, con las cifras consolidadas, por mucho que le aseguren que la inversión de la última diapositiva es las correcta y que el otro número es sólo un error en la preparación de los folios. O en el caso de que Laura crea esta versión y acepte la inversión, no será sin antes haber discutido sobre las incoherencias en los datos, perdiendo el tiempo innecesariamente. Además, estos fallos restan credibilidad tanto a la presentación como al que la haya preparado.

Con este ejemplo quiero destacar que puedes ahorrarte muchas discusiones innecesarias, simplemente revisando las cifras y datos antes de entregar la presentación. Es un esfuerzo que merece la pena.

Utiliza adecuadamente los gráficos y tablas

Igual que como hemos visto en el apartado "Uso de una plantilla", utiliza siempre los formatos de gráficos y tablas conocidos en la empresa. Con ello te ahorrarás tiempo y trabajo en la preparación de la presentación. Además, estarás haciendo el trabajo de tus oyentes mucho más fácil. El hecho de conocer el estilo de los gráficos requiere mucho menos esfuerzo por parte de tu público para entender la presentación, y mayores son las posibilidades de que tu mensaje sea aceptado y tenga calado. Para cualquier persona es natural que cuanto más sencillo sea algo, más tienda a estar a su favor y a aceptarlo.

En cuanto a la cantidad de gráficos a usar, es muy importante fijarse en qué tema presentas y a quién se lo presentas. No es lo mismo mostrar por ejemplo la adquisición de una nueva máquina al jefe de compras que al jefe de marketing de la empresa. Al primero le puede aportar mucho un gráfico donde se calculen las amortizaciones de esa máquina y será necesario añadirlo a tu presentación. Sin embargo, al jefe de marketing le importará más qué valor añadido da esta máquina al producto, y como se puede eso publicitar a los clientes. En su caso, el gráfico sólo va a aportar confusión y ser una pérdida de tiempo. Si no estás seguro, siempre puedes añadir los gráficos en los folios de apoyo de la presentación (véase el apartado "Cantidad de diapositivas") y discutirlos únicamente si surge alguna pregunta sobre ellos.

Todo lo comentado antes, es igualmente aplicable a las tablas que utilices en tu presentación.

Deja abierta la opción de una pequeña corrección

Todos los seres humanos tienen la necesidad de sentirse útiles, justificar su trabajo y demostrar que son necesarios. Esto es así para todos los trabajadores, sin importar su posición en la compañía.

Los superiores que irás teniendo en tu vida laboral no escapan a esta regla y cómo seguro que comprobarás a lo largo de los años, rara será la vez que no tengan una corrección o apunte a una idea o presentación tuya.

Yo recomiendo intentar dirigir esas observaciones o preguntas en la medida de lo posible. Con esto me refiero a dejar "a sabiendas" algún punto mejorable o inacabado, hacia donde se dirijan esas preguntas o aportaciones de tus jefes. Digamos que es una forma de "dirigir" esas críticas hacia donde a ti te interesa.

Para empezar, ya tendrás el trabajo de la corrección encaminado y podrás reaccionar rápidamente. Además, y aún más importante, evitarás de esta manera otras "ideas felices" de tus superiores que compliquen tu tarea y que, debido a que tu jefe no está tan dentro del tema como tú, no aporten realmente algo de valor.

Esta estrategia me ha funcionado muy bien, pero debes considerar si es lo correcto para ti y si te sientes cómodo utilizándola. Así como el resto de este capítulo son normas a seguir, esta estrategia es una opción que puedes o no utilizar.

Checklist para tu presentación

Como resumen de este capítulo, aquí te dejo el listado de las cosas que tienes que comprobar. Te recomiendo que antes de que entregues tu presentación, te asegures de que todos estos puntos están cubiertos:

☐ Los pies de página son claros y están completos

☐ La fecha está actualizada

☐ Los títulos de cada diapositiva son claros

- ☐ Las decisiones o tareas están claramente definidas. Acuérdate de estos tres puntos:
    - o Qué hay que hacer
    - o Quién debe hacerlo
    - o Cuándo debe de estar finalizado
- ☐ La plantilla utilizada es la adecuada
- ☐ El número de diapositivas es el adecuado
- ☐ Los tamaños de fuentes e imágenes son adecuados y consistentes en todo el documento
- ☐ No hay faltas de ortografía
- ☐ Los datos y cifras son coherentes en todo el documento
- ☐ Los gráficos y tablas se entienden con facilidad y son relevantes

Cómo presentar en público

En el capítulo anterior he tratado la importancia que tiene el material de una presentación y qué aspectos tienes que tener en cuenta para que tenga coherencia. Con las sencillas reglas que te he presentado aumentarás tus posibilidades de éxito, es decir, de conseguir tu objetivo.

En este capítulo vas a ver qué aspectos debes tener en cuenta cuando vayas a presentar dicho documento a un público determinado y cómo intentar conseguir que tu mensaje llegue adecuadamente a los oyentes.

Un aspecto fundamental en el éxito de hablar en público es transmitir quién y cómo eres. Hacer una presentación no es representar un papel y es bueno que el estilo final de la presentación quede marcado por tu personalidad. Teniendo esto siempre presente, voy a darte aquí una serie de consejos que te ayudarán en la tarea de presentar y hablar en público.

Prepárate y practica

Seguro que ya has visto muchas buenas presentaciones a lo largo de tu vida, que incluyen desde charlas hasta ponencias, clases teóricas y prácticas o presentaciones en el ámbito laboral. Cada orador tiene su propio estilo y es fundamental que así sea, porque siendo uno mismo es como se transmiten mejor las ideas al hablar en público.

Todos estos buenos oradores, tan diferentes entre sí, tienen algo en común. Todos han hecho sus deberes y han preparado la presentación a conciencia. Aun cuando tengas la impresión de que algunos buenos oradores no se conocen de memoria lo que presentan o tienen una actitud desenfadada o poco rígida, no te lleves a engaño: si realmente la presentación y puesta en escena son buenas, quiere decir que el orador se ha preparado muy bien qué quiere decir y cómo lo quiere decir. Hazte la siguiente pregunta: ¿Si tienes un partido importante con tu equipo deportivo el fin de semana o actúas en una obra de teatro, no repites una y otra vez las jugadas o las escenas hasta que salen a la perfección? En el caso de una presentación es exactamente lo mismo.

Cualquier momento o lugar es bueno para practicar una presentación, ya sea mentalmente o en voz baja. Puedes utilizar un rato en el metro, en la cama antes de dormir o en la ducha, lo fundamental es que practiques lo que vas a decir y cómo vas a hacerlo. Siempre es importante transmitir cierta espontaneidad, pero no te engañes, incluso los mejores oradores que transmiten mucha espontaneidad llevan una gran preparación detrás de cada presentación. Es evidente que algunas personas necesitan más preparación que otras, pero todo el mundo con éxito en cualquier disciplina practica para conseguir los objetivos. Y cuánto más y mejor se practique, más posibilidades de éxito tendrás.

Es imprescindible preparar un guion de qué quieres decir, y es fundamental practicar lo que vas a presentar. Sólo así serás convincente, ya que aumentará la confianza en ti mismo y esta sensación se transmitirá directamente al público. Además, así evitarás olvidar aspectos o detalles importantes.

Aparte de la preparación del tema en concreto, el otro aspecto básico para el éxito es la práctica. Hay oradores que tienen una habilidad innata para sentirse cómodos en el escenario, pero si no eres de esos, la soltura sólo la conseguirás con mucha práctica. Aquí te propongo dos ejercicios sencillos que puedes hacer en casa para que cojas la soltura necesaria:

1. Grábate en video realizando la presentación que vas a ofrecer posteriormente en público y luego revisa este video de manera constructiva. En el caso de que la presentación sea importante y quieras especialmente causar una buena impresión, puedes realizar el proceso varias veces para mejorar los pequeños detalles.

2. Otro ejercicio muy sencillo es practicar presentando un tema a tu familia o amigos. No es necesario que sea un tema laboral, puedes hablar sobre cualquier tema que se te ocurra y te guste. Si por ejemplo presentas a tus padres un tema que no conozcan (tu película favorita, las vacaciones que quieres hacer), podrás practicar todas estas cosas que marcan la diferencia entre una buena y una mala presentación, como la forma de hablar, el lenguaje corporal o la entonación, entre otras. Si comprenden todo lo que les dices, si les transmites confianza, entonces es que vas por el buen camino. Todo lo que aprendas en estas pequeñas presentaciones se puede aplicar en el ámbito laboral. Con ello ganarás en experiencia y soltura, lo que de nuevo se reflejará en tranquilidad a la hora de presentar, y como verás a lo largo de este capítulo, esta tranquilidad es una parte fundamental del éxito.

En resumen, la preparación a conciencia de la presentación y la práctica son necesarias para conseguir el éxito final. Por ello no dudes en ponerte delante del espejo y practicar todo lo que haga falta hasta sentirte seguro. Las primeras veces que prepares una presentación te va a llevar algo de tiempo, pero con la práctica en cada presentación serás más eficiente.

Cuánto debe durar la presentación

Para decidir cuánto debe a durar una presentación hay que conocer el tema en concreto y es imposible establecer una generalización en este libro. Existe una regla que a mí me parece esencial: Una presentación no debe de durar ni un segundo más de lo necesario. Debes comprender que no sólo el tiempo de tus oyentes, sino también el tuyo propio, es muy valioso y no debes desperdiciarlo. Mi experiencia me dice que las presentaciones alargadas inútilmente provocan que se explique un tema más de la cuenta y como consecuencia comiencen discusiones innecesarias que no tienen nada que ver con el tema en cuestión. Estas discusiones alargan aún más la duración de la presentación y dificultan la toma de decisiones.

En lo que respecta a la relación entre el tiempo y el número de diapositivas que ha de tener la presentación, dependerá evidentemente de que lo que expongas en cada diapositiva específica y las discusiones o debates que ella genere en la audiencia. Sin embargo, es de sentido común que no puedes tener un folio que duré apenas unos segundos (como expliqué en el apartado "Cantidad de diapositivas") y, de la misma manera, no debes permanecer en la misma diapositiva durante varios minutos hablando sin cesar, ya que perderás rápidamente la atención del público. El tiempo por diapositiva debe estar equilibrado.

Una regla que a mí me ha funcionado siempre muy bien en las diferentes presentaciones que he realizado es: 1 minuto necesario para presentar cada diapositiva. Lógicamente hay que adaptar los tiempos al contenido de cada diapositiva, pero esta sencilla regla puede servirte como guía a la hora de calcular el tiempo y la cantidad de diapositivas. Esto no significa que si la reunión dura 30 minutos tengas que preparar 30 diapositivas. Prepara sólo las necesarias y el resto del tiempo se podrá utilizar para preguntas y discusiones.

Vigila tu velocidad al hablar

Uno de los problemas más grandes que se suelen tener a la hora de presentar es la velocidad a la que se habla. No importa lo lento que nos parezca que hablemos, casi nunca es lo suficientemente lento. Se tiende siempre a acelerar el ritmo al hablar y con ello es más difícil entender lo que se dice. Cuando el orador habla demasiado deprisa o atropella las palabras dificulta al público la tarea de comprensión y con ello será más difícil conseguir transmitir correctamente el mensaje de la presentación.

Es muy importante que te tomes el tiempo para hablar pausadamente, tanto incluso que te parecerá demasiado lento. Para coger el ritmo correcto te recomiendo practicar previamente y si es necesario con un público ficticio que te corrija si te aceleras. Esto es doblemente importante en el caso de que la presentación sea en un idioma que no sea tu idioma materno o el del público objetivo.

En mi caso, una de las mayores dificultades a las que me he enfrentado fue tener que dar una charla ante un gran público en un congreso. La charla la di en alemán y aunque es un idioma que hablo bien, no lo domino a la perfección. Dediqué muchas horas delante del espejo a practicar la velocidad del habla adecuada, cronometrándome para evitar acelerarme y poder mantener una velocidad constante. En este caso, pude suplir mi falta de habilidad con el idioma con mucho trabajo y "luchando" contra mi tendencia de acelerarme al hablar.

Piensa que no importa lo lento que te parezca que hablas, casi nunca es lo suficientemente lento. La percepción que tienes de tu velocidad del habla es muy diferente en tu cabeza de cómo es realmente. Además, tú conoces ya el tema y los oyentes deben escuchar y a la vez asimilar conceptos nuevos. Por eso no tengas miedo de hablar "demasiado" lento.

En cuanto al tono de tu voz, mi experiencia me dice que la inmensa mayoría de los ponentes hablan en un tono demasiado bajo que obliga a la audiencia a esforzarse en oír lo que se les está presentando. Incluso he vivido muchos casos en que las últimas filas no eran capaces de entender ni una palabra del tema que se estaba presentando. Tampoco debes hablar demasiado alto ya que a nadie del público le gustará que le griten. Elige un tono firme, pero sin llegar a gritar. Si no estás seguro de si estás hablando demasiado alto o bajo, en este aspecto recomiendo que si te pasas lo hagas por arriba, ya que en la mayoría de los casos los ponentes presentan demasiado bajo.

Por último, si la presentación es larga recomiendo llevar un poco de agua. Te servirá para tener una voz más clara y a que se te entienda mejor. Además, puedes utilizar esa pequeña pausa para beber como verás en el apartado "El poder del silencio".

Relájate antes de la presentación

Imagina por un momento que debes tomar una decisión sobre dos alternativas de un tema. La primera alternativa la presenta una mujer pausada, a la que se comprende perfectamente y que además está segura de la alternativa que te presenta. Por otra parte, la segunda opción es presentada por un hombre que está moviéndose sin parar, es muy difícil de comprender, ya que titubea un poco además de hablar demasiado rápido y no parece muy seguro de lo que está diciendo. Es mucho más probable que te decidas respecto a la alternativa que te ha presentado la mujer, en gran parte gracias a la tranquilidad que te transmite y con ello la confianza que con su estilo calmado te confiere.

A la hora de presentar un tema es importante transmitir seguridad en ti mismo, pero también tranquilidad. Una persona tranquila aporta mucha más confianza y hace al oyente sentirse preparado para tomar la decisión necesita. Además, las ganas de escuchar van a ser muchos más grandes que en el caso de una persona a la que cueste entender.

Por ello es muy importante que estés lo más relajado posible antes de empezar tu presentación, especialmente si se trata de un auditorio lleno. Esta tranquilidad no es natural en todo el mundo, pero sí se puede trabajar mucho para cultivarla, entrenarla y mejorarla. Hay tantas maneras de relajarse cómo personas y tienes que encontrar el método que mejor te funcione a ti. Ya sea hacer unos sencillos ejercicios de respiración, beber un vaso de agua tranquilamente o escuchar una canción, emplear unos minutos en dicha actividad antes de empezar a presentar te va a ayudar mucho. Considera este tiempo como parte fundamental de la presentación y nunca lo valores como perdido. Un ejemplo de este proceso es el nadador Michael Phelps: antes de cada carrera escucha la canción del rapero Eminem ("Lose Yourself") para concentrarse y poder dar el máximo después. Tú también puedes crear como Phelps un ritual que te ayude a abstraerte y estar bien preparado cuando empieces con la presentación.

Otra manera de relajarte es dedicar unos minutos a pensar en otro tema justo antes de la presentación o a dejar la mente en blanco; mucho mejor que volver a releer los folios. Si vas bien preparado, según el apartado "Preparación y práctica", entonces conocerás dichas diapositivas casi de memoria y no será necesario en absoluto que las revises.

No confundas, sin embargo, tranquilidad con falta de energía o apatía. Una persona con vigor y entusiasta puede transmitir igualmente una sensación de tranquilidad, cuando pese a dicha energía se toma las pausas necesarias o habla al ritmo adecuado. Es muy importante no confundir estos conceptos.

Así que no lo dudes, tómate esos cinco minutos previos para ti, no pienses en la presentación, bebe un vaso de agua, escucha tu canción favorita y relájate todo lo que puedas. No sólo lo vas a hacer mucho mejor, sino que disfrutarás mucho más de la experiencia.

Mira al público a los ojos

Este apartado vale para cualquier conversación que tengas en tu vida. Imagina que tienes una primera cita y te pasas toda la noche mirando a tu vaso o plato al hablar en vez de mirar a los ojos a la persona que tienes enfrente. Es más que probable que la cita no salga bien y que sea la última que tengas con esa persona.

Pues la misma regla es válida para las presentaciones en público. Cuando presentas un tema es importante que la audiencia sienta que te diriges a ella. Para ello, mira a tu público cuando le hables y no a las diapositivas que están proyectadas. Si has hecho los deberes como es debido, las diapositivas ya las conocerás lo suficientemente bien, entonces ¿qué necesidad tienes de mirarlas todo el rato? Dirige tu mirada a los oyentes; con ello conseguirás que se sientan partícipes de la presentación además de demostrarles la importancia que les das como público, consiguiendo así mucho mejor su atención. Con este sencillo gesto, conseguirás que la audiencia se sienta mucho más partícipe de lo que se está presentando.

Además, si miras a la audiencia mientras hablas, dirigirás tu voz hacia ella y será mucho más fácil que te entiendan. Si diriges tu mirada a un papel o a la pared del proyector, será mucho más complicado que el público te entienda.

Evita llevar un guion impreso

Es muy típico ver mucha gente que expone una presentación con un guion o papeles en su mano. Considero que esto sólo debe hacerse en casos muy excepcionales. Lleva solo un guion en tu mano si los papeles aportan algo más de lo que está en la presentación, como por ejemplo más datos que no están en las diapositivas, o documentos que se quieran comentar como contratos o anexos. Lo considero en este caso (y solo en este caso) un mal necesario.

Siempre transmitirás una mejor imagen como orador si no estás permanentemente mirando tus papeles, ya que, como hemos dicho en apartados anteriores, deberías ya de por sí conocer lo que vas a decir, al tener tu presentación bien preparada. Mirar a los ojos del público y no a los papeles que tenga en la mano aumenta mucho tus posibilidades de llegar a la audiencia de forma más eficaz.

Además, si te pones nervioso y tienes unos papeles en la mano, vas a moverlos instintivamente. Esto va a provocar el ruido de los papeles y va a acentuar la imagen de nerviosismo.

Por eso yo recomiendo no llevar ningún tipo de papel en la mano, ya que así evitarás el efecto subconsciente de mirarlo. Piensa que, si no te hace falta mirar lo que llevas en la mano, ¿Por qué no prescindir directamente de ello?

Aprovecha el poder del silencio

A la hora de hacer una presentación es muy importante lo que dices, pero también el tiempo que no dices nada. Intenta utilizar los silencios para reforzar tu historia e involucrar al público. Te voy a dar dos ejemplos de cuándo hacerlos:

1. Cuando llegues a uno de los momentos claves de la presentación, tras haber expresado una idea o concepto clave, permite a la audiencia que asimile dicha idea. Basta para ello una pequeña pausa de tres o cuatro segundos. Además, así estarás recalcando la importancia del punto que acabas de explicar.

2. El silencio es también de mucha utilidad cuando quieras que un concepto quede especialmente registrado en la memoria de tu audiencia. Una simple pausa de unos segundos puede enfatizar un concepto de una manera más potente que muchas de las palabras que uses para definirlo.

Un truco muy útil, más aún si la presentación es larga, es llevar un poco de agua. Puedes utilizar las pequeñas pausas para beber para crear estos silencios tan necesarios.

Al igual que las palabras, incluye los silencios en la preparación de la presentación. Cuando practiques tómate el tiempo necesario para comprobar que están en el lugar adecuado y refuerzan tu mensaje.

Vigila el movimiento de tus manos

Uno de los principales problemas que se suele tener al presentar un tema en público es qué hacer con las manos. Por su importancia les quiero dedicar este apartado en exclusiva.

Cómo ya he explicado en el apartado "Evita llevar un guion impreso", lo ideal es llevar las manos libres de papeles, no sólo para dar la impresión de haber preparado correctamente la presentación, sino para que puedas utilizar tus manos como ayuda a la hora de transmitir el mensaje que quieres trasladar. No debes mover las manos sin parar de forma nerviosa o impulsiva, pero puedes utilizarlas como apoyo a la hora de enfatizar ideas o conceptos. Te voy a poner el ejemplo de dos situaciones en las que las manos sirven para trasmitir el mensaje de forma más clara:

1. Si estas intentando explicar que un concepto esta priorizado sobre otro, puedes ayudar tu explicación si con las manos haces el gesto de representar dos niveles al hablar de cada uno de dichos conceptos. Puedes incluso repetir brevemente los dos puntos recalcando el gesto con las manos para que este apoyo visual se quede mejor en la memoria de tu audiencia.

2. Si con una medida concreta que presentas se consigue aumentar por ejemplo los beneficios, el gesto claro con las manos de aumento (abrir tus manos indicando un aumento) ayuda a afianzar esa idea en los oyentes, además de aumentar tu credibilidad y transmitir de un modo más gráfico el aumento. Como has visto en el ejemplo anterior, este gesto hará que el concepto quede registrado en la memoria de la audiencia asociado a "aumentar".

Es importante de todas maneras destacar que, pese a las ventajas de incluir las manos como parte del mensaje, éstas no deben convertirse en las protagonistas. Una sobreactuación puede ser contraproducente.

Utiliza el lenguaje corporal

Acabas de ver en el apartado anterior la importancia de las manos en la manera de transmitir tu mensaje. El resto de tu cuerpo juega un papel igual de importante. Un porcentaje muy grande de la comunicación es no verbal y por ello es necesario que dediques el tiempo necesario a practicar y mejorar dicha comunicación no verbal. En el apartado "Prepárate y practica" te he explicado cómo puedes practicar y mejorar: acuérdate que grabándote para corregirte y presentando a amigos o familiares cogerás práctica rápidamente.

Lo primero que tienes transmitir con tu lenguaje corporal es tranquilidad y seguridad en ti mismo. Tus oyentes estarán mucho más predispuestos a escuchar a alguien sereno y con aplomo, que a un ponente que está permanentemente moviéndose o gesticulando. Así que la primera norma a seguir con respecto a tu cuerpo es no estar moviéndote continuamente, con gestos demasiado rápidos o aspavientos innecesarios. Además, intenta estar lo menos tenso posible.

Una vez manejes estos conceptos básicos, podrás pasar a utilizar tu cuerpo, al igual que vimos anteriormente con las manos, para enfatizar ideas o reconquistar la atención del público en aquellos momentos en que sea especialmente necesaria. Voy a dar ejemplos sencillos, que puedes aplicar ya en tus primeras presentaciones en público:

1. Si llegas a un punto de la presentación en el que quieres presentar o enfrentar dos pociones diferenciadas, puedes desplazarte unos pocos centímetros hacia la derecha o izquierda cuando hables de cada una de ellas. Al ubicarte en posiciones físicamente diferentes, tus oyentes podrán diferenciar mejor cuando hablas de cada una de las opciones y así no mezclar los aspectos

de cada una, como por ejemplo sus ventajas, riesgos o cifras.

2. Como segundo ejemplo, imagínate en un determinado momento de la presentación en el que necesitas que el oyente pase a ser parte activa. Por ejemplo, quieres que decida entre dos escenarios para resolver un problema que le estas presentando o le has planteado una pregunta y esperas que la responda, aunque sea para sí mismo. Es muy efectivo en este caso dar un pequeño paso al frente en dirección a tus oyentes, transmitiéndoles así que esperas algo de ellos, que necesitas que tomen esa decisión o respondan a esa pregunta. Acercándote a ellos les estás "pasando el turno".

En resumen, considera tu cuerpo como un arma de comunicación más que puedes y debes utilizar, reforzando con ella tu mensaje. Al igual que el resto de los recursos que ves en este libro, el lenguaje corporal se mejora con la práctica, por lo que debes incluirlo en tus rutinas de preparación.

Presenta de pie siempre que puedas

Como ya te he dicho en los apartados anteriores, tu cuerpo es una herramienta muy útil a la hora de presentar un tema en público.

Como también he dicho ya varias veces, es tu deber como ponente facilitar el trabajo de la audiencia en todo lo que puedas. Por ello mi recomendación es presentar de pie, siempre que te sea posible.

Primero porque podrás utilizar mejor el lenguaje corporal. Estar de pie te proporciona una ventaja muy sencilla, pero de vital importancia: eres más visible. Al levantarte, te alzas literalmente por encima del resto de las personas del salón de actos, sala de reuniones o despacho donde estés realizando la presentación. Así tus oyentes te verán sin ningún esfuerzo, y con ello te será más fácil llamar y mantener su atención.

Además, desde tu posición elevada podrás observar mejor la actitud de tu público y actuar en consonancia. Si ves que una persona relevante de la audiencia se distrae más de lo que quieres o necesitas en la presentación, podrás verlo rápidamente si estás de pie, mientras que si estás sentado puede que no te des cuenta. Así, podrás dirigir más tu mirada hacia dicha persona. Con este sencillo gesto, le estarás incitando a que te preste atención o, dicho de otra manera, "exigiéndole" sin tener que expresarlo directamente.

Otra razón importante es, que estando sentado es muy fácil que inconscientemente te recuestes demasiado y con ello transmitas una sensación de dejadez que hay que evitar. Imagina que llevas todo el día de reuniones y estás cansado. Es muy fácil que sin darte cuenta adoptes una posición excesivamente relajada en la silla, aparentando que ni tu propio tema te interesa.

Otra ventaja importante de presentar de pie es la biológica. Al levantarte, activas el cuerpo y lo pones a funcionar, presentando una actitud más positiva y atenta que se refleja también en la voz y el tono. Esto, de nuevo, se reflejará en la calidad de tu presentación. La actitud más activa y positiva que presentas así se ve reflejada en el público que estará más preparado para escucharte y participar cuando sea necesario, por ejemplo, cuando necesites que tome una decisión.

Revisa la tecnología antes de tu presentación

Por último, quiero proponer un consejo de aspecto más técnico. Imagina que has preparado durante días o semanas una presentación y has seguidos todos los aspectos comentados en este capítulo. Después de tanta práctica y ensayo, estás muy bien preparado. Sería una pena que a la hora de la verdad no puedas realizar la presentación correctamente por un problema técnico. Que el proyector no funcione o que tu ordenador no tenga la salida de video necesaria para el proyector disponible es un problema muy fácilmente evitable, pero que puede echar por la borda mucho tiempo de trabajo.

La parte positiva, es que evitar estos fallos tan tontos es muy sencillo. Basta con revisar a tiempo los medios técnicos a tu alcance. Basta con realizar una prueba previa en el lugar donde vayas a realizar la presentación, lo que te va a asegurar que estos problemas no te sorprendan, además de aportarte una cantidad añadida de tranquilidad, que como ya has visto nunca sobra.

Además, ten siempre un plan alternativo por si alguno de los dispositivos no funciona. Dependiendo de la importancia de la presentación, puedes utilizar un dispositivo de almacenamiento externo, o tener la presentación guardada en un servidor donde alguien más de la sala tenga acceso, de tal manera que puedas acceder fácilmente a la información en caso de ocurrir algún problema técnico.

Cómo preparar y llevar una reunión

A lo largo de tu vida laboral es muy probable que te encuentres con pocas tareas que puedes resolver tu solo, ya que la gran mayoría de trabajos en la actualidad solo son posibles trabajando en equipo. Estos equipos no suelen estar formados únicamente por compañeros del mismo departamento, sino que son por lo general equipos interdisciplinares. También se dan muchos casos de equipos con personas de diferentes empresas (como por ejemplo el típico trabajo en común de clientes y proveedores).

El éxito de una reunión no reside únicamente en el tema que se trate en sí. Los resultados, éxitos y fracasos obtenidos durante una reunión están directamente influenciados por factores en principio externos al tema a tratar, como quién está invitado a la reunión o a qué hora del día transcurre esta reunión. Además, el trabajo de preparación previo y de documentación posterior a la reunión juega un papel fundamental en el éxito de esta y los procesos posteriores.

En este capítulo voy a tratar todos estos aspectos que deberás tener en cuenta para tener éxito a la hora de organizar y llevar reuniones de equipo.

Define bien los asistentes de la reunión

Cuando definas el grupo de participantes de una reunión existe una regla básica que tienes que cumplir: solo hay que invitar a aquellas personas estrictamente necesarias. A lo largo de mi vida profesional he visto muchas reuniones que, pese a ser importantes o incluso urgentes, han sido un fracaso absoluto por la sencilla razón de que había demasiados o muy pocos participantes. Mi experiencia me dice que se suele fallar por exceso, es decir, se invita a más participantes de los necesarios. Puede incluso que todos los presentes tuvieran un objetivo común muy bien definido y una actitud correcta para resolver el problema. Sin embargo, estas reuniones acabaron fracasando porque demasiada gente quería resolver el problema a la vez.

Está demostrado que los grupos de trabajo son eficientes sólo hasta un determinado número de personas. Cuando este número se supera, las discusiones se vuelven interminables y rara vez se alcanzan soluciones y acuerdos eficientes.

Además, tristemente existen trabajadores que intentan evitar tareas nuevas o hacer las que ya tienen. Un grupo grande permite a este tipo de trabajador escaquearse más fácilmente y diluir sus tareas en el grupo.

Por eso, a la hora de preparar una reunión plantéate bien qué objetivo tiene dicha reunión y sobre todo qué personas son estrictamente necesarias para conseguir ese objetivo. De esta manera, conseguirás reuniones mucho más eficientes y además no desperdiciarás el valioso tiempo de tus compañeros innecesariamente. Con este sencillo gesto, añades tu granito de arena a preservar los recursos de la empresa y a aumentar su eficiencia.

Por último, si invitas siempre a más participantes de los que realmente hacen falta, corres el riesgo de que tus invitaciones acaben siendo ignoradas o que los temas que se traten en ellas no sean tomados en serio.

Voy a ilustrar este apartado con un ejemplo práctico: hace poco me invitó un compañero de otro departamento a tratar un tema muy sencillo que afectaba a su trabajo y en el que yo le podía ayudar. Aun no necesitando en absoluto invitar a su jefe de departamento a la reunión, este compañero lo hizo. Su superior apareció tarde y evidentemente no pudo aportar nada útil, estando distraído todo el rato. Con esta actitud mi compañero cometió dos errores graves: primero perdió credibilidad ante su jefe, ya que quedó demostrado que no sabe qué recursos son necesarios para resolver un problema o que no es capaz de tomar decisiones sin la ayuda de su jefe. Segundo y como ya he dicho antes, desperdició un recurso muy valioso para la empresa (el tiempo de su jefe).

Para comprobar si debes o no incluir a una persona en la invitación de la reunión que preparas, te recomiendo que te formules las siguientes preguntas sobre la persona:

1. ¿Aporta información necesaria?

2. ¿Tiene experiencia en el tema a tratar y que pueda ser de utilidad?

3. ¿Va a realizar alguna tarea que se decida en la reunión?

4. ¿Ha realizado una tarea que se revisa en la reunión?

5. ¿Va a tomar alguna decisión en la reunión?

Solo en el caso de que la respuesta a alguna o varias de estas preguntas sea afirmativa, incluye a esa persona en la invitación.

Formula la invitación correctamente

Una vez que hayas decidido qué personas son importantes para la reunión que preparas, puedes empezar a enunciar la invitación en sí misma. No infravalores la invitación que vas a mandar, ya que no deja de ser la carta de presentación de la reunión y, en consecuencia, influirá en cómo se van a tomar los asistentes dicha reunión. Si no dedicas el cuidado necesario, puede incluso pasar que tu invitación sea directamente ignorada o no aceptada. Hay una serie de aspectos a tener en cuenta a la hora de enviar dicha invitación:

1. Título de la invitación: El tema a tratar debe quedar especificado muy claramente en la invitación para que los participantes sepan de antemano de qué trata la reunión y si su asistencia es necesaria. Esto es especialmente importante en el caso de que estos invitados sean de rangos altos en el escalafón de la empresa, ya que es posible que tengan varias reuniones paralelamente y tengan que decidir qué reunión han de priorizar y, por lo tanto, a cuál asistir. Por ello el título de la reunión ha de ser lo más claro posible. Te voy a poner un ejemplo:

    Susana es la jefa de finanzas de una empresa de software y le llegan dos invitaciones para dos reuniones distintas, pero a la misma hora. La primera se titula "Brainstorming para nuevo Programa" y la segunda "Desfase del presupuesto para el proyecto PR43", siendo PR43 un nombre de un proyecto que Susana conoce bien. En la primera invitación no queda claro para qué han invitado a Susana a la reunión, mientras que la segunda no deja lugar a dudas qué tema se va a tratar en la reunión y por qué está Susana invitada. En el caso de que Susana como jefa de finanzas no sea la adecuada para esta reunión en concreto, sabrá automáticamente a quién ha de reenviar la invitación para que se resuelva el tema sin tener que perder el tiempo en hacer demasiadas preguntas.

2. Horario: Otro tema que a mí me parece realmente importante, aunque por desgracia no siempre es posible de satisfacer, es intentar adaptar el horario, en la medida de lo posible, a los participantes de la reunión. Si sabes, por ejemplo, que un departamento en concreto tiene una reunión todos los miércoles a las 15:00 para tomar todos juntos un café y has de invitar a una reunión a personas de ese departamento, intenta evitar ese horario. Es probable que, aunque sí tomen parte en tu reunión, estos compañeros estarán pensando en su café y seguramente no estarán con el mejor humor posible para resolver los temas de tu reunión. No olvides nunca que tu objetivo no es otro que sacar algo en claro de la reunión y para ello necesitarás a todos los participantes no sólo presentes, sino con la mejor actitud posible. Si no consigues encontrar un horario donde todos los compañeros puedan a la vez, prioriza los huecos libres de los compañeros de más nivel jerárquico, ya que suelen ser los que tienen menos huecos y además no pueden cambiar las reuniones con tanta facilidad.

Por otra parte, recomiendo evitar determinadas franjas horarias como por ejemplo la última hora de la tarde o el viernes después de comer. De nuevo y como en el ejemplo anterior, es muy probable que tus compañeros no afronten la reunión con la mejor motivación posible.

3. Ubicación: También debes prestar atención al lugar donde vas a celebrar la reunión. En el caso de que la reunión vaya a desarrollarse en una sala de juntas, esta debe ser lo suficientemente grande para todas las personas. Asegúrate además de antemano de que la tecnología funciona correctamente. Por ejemplo, si vas

a añadir a un participante por teleconferencia, comprueba previamente que el sistema funciona bien para no perder el tiempo durante la reunión.

También hay espacio para la creatividad a la hora de organizar la reunión; no es estrictamente necesario realizar las reuniones en una sala de juntas. Si tienes la posibilidad de romper la monotonía de la oficina y el tipo de reunión así lo permite, me parece una muy buena opción establecer otros puntos de encuentro. Imagina que tienes una terraza en la oficina y vas a organizar una reunión de "brainstorming" para resolver un problema. Está más que demostrado que el salir de la rutina y reunirse en lugares diferentes promueve la creatividad y conduce a nuevas soluciones para los problemas discutidos. Además, los participantes seguramente estarán de mejor humor y esto aumentará enormemente las probabilidades de éxito de la reunión.

Por último, creo que es importante tener en cuenta dónde está el lugar de trabajo de la mayoría de los participantes. Si tienes una reunión con tres trabajadores de otro edifico, lo lógico es que seas tú el que te desplaces allí. Esto será una señal de cortesía hacia estos compañeros y además será más fácil que acepten la invitación.

4. Presentación: Si algún participante de la reunión no te conoce, es esencial que te presentes brevemente. Bastará con tu nombre y el rol que desempeñas en la empresa. Hoy en día es muy común recibir muchas invitaciones diferentes y ocurre con asiduidad que se rechazan aquellas en las que el organizador no es conocido.

5. Objetivo de la reunión: como has visto ya previamente en el título de la reunión, una reunión siempre tiene un

objetivo claro. Si no es así la reunión no es necesaria y por lo tanto no debes organizarla. Puedes especificar en la invitación a la reunión el objetivo de esta con más detalle que en el título, incluyendo los detalles que harían el título demasiado largo. Este objetivo debe ser comprensible para todos los participantes.

6. Si en una reunión se van a tratar diferentes puntos, es muy importante mandar el orden del día de antemano y definir qué puntos y en qué orden se van a tratar, preferiblemente con un horario específico y qué persona es necesaria para cada tema. Así los asistentes podrán participar en el momento adecuado y no será necesario que estén presentes durante toda la reunión. Como has visto en apartados anteriores, aquí de nuevo podrás hacer una pequeña aportación a la eficiencia de la empresa, no malgastando sus recursos (en este caso el tiempo de sus trabajadores).

Más adelante en el apartado "dirige la reunión adecuadamente" explicaré cómo se ha de manejar dicho orden del día durante la reunión.

7. Tareas previas: Si para el desarrollo correcto de la reunión es necesario cierto trabajo previo o una información concreta por parte de alguno de los participantes, hay que formular esta necesidad explícitamente en la invitación. Yo recomiendo escribir directamente el nombre de la persona y la tarea que debe realizarse, de tal manera que todos los asistentes tengan muy claro qué se espera de ellos.

8. Agradecimiento: Por último y si no tienes una relación estrecha con los participantes, puedes agradecer de antemano la asistencia a la reunión. De esta manera "exiges" educadamente su presencia y es más difícil que rechacen tu invitación.

A modo de resumen, aquí tienes una checklist de lo que debes comprobar antes de mandar la invitación a los participantes:

- ☐ El título es claro y conciso
- ☐ El horario es aceptable
- ☐ El lugar es el adecuado
- ☐ Todos los participantes saben quién eres
- ☐ El objetivo de la reunión está claramente definido
- ☐ El orden del día está planteado
- ☐ Si es necesario, el trabajo previo de cada participante está encargado

Comprueba la asistencia de los participantes

En los días/horas previas a la reunión es importante comprobar que las personas invitadas han confirmado su asistencia. En el caso contrario, ponte en contacto con estos invitados y confirma su asistencia. El objetivo no es otro que evitar que, por ejemplo, cuatro personas estén esperando a una quinta que de hecho no va a llegar.

Si no consigues confirmar la asistencia o uno de los invitados no puede asistir, opta por buscar una fecha alternativa o pide amablemente a tu invitado que no puede asistir que delegue dicha tarea a otro compañero suyo que sí pueda.

Dirige bien la reunión

Como ya has visto en el apartado anterior, es muy importante a la hora de enviar una invitación que esta incluya un orden del día de los puntos a tratar en la reunión. Es entonces lógico que durante la reunión se siga ese orden del día previamente definido. Esto es de especial importancia en el caso de una reunión en la que los participantes están invitados en orden específico para tratar sus diferentes temas. En el caso de que uno de los temas sobrepase el tiempo que estaba planeado, deberás parar las discusiones y, o bien cerrar el tema si es posible, o retomarlo al final de la reunión. En el caso de que la complejidad del tema así lo requiera, puedes incluso detener las discusiones y organizar otra reunión separada para así tratarlo con la calma necesaria.

Además, es muy útil revisar qué objetivo tiene la reunión y recordarlo a la hora de ir cerrando los temas a tratar. Un ejemplo de esto es el siguiente: si en el orden del día de la reunión el objetivo es cerrar el presupuesto final del proyecto "Renovación de ascensores", asegúrate antes de acabar la reunión que todos los presentes dan su visto bueno al presupuesto. Esta decisión la deberás además documentar adecuadamente, como se verá más adelante en el apartado "Escribe el acta de la reunión". Sólo con la aceptación de todos los participantes y su correcta documentación se puede dar el tema por cerrado.

En la actualidad se utilizan cada vez más formatos alternativos de reuniones. Estos formatos difieren de las tradicionales reuniones donde una persona expone de pie y el resto contestan o escuchan. Evidentemente, estas nuevas modas son cuestión en parte del gusto del moderador y los participantes, pero yo estoy realmente contento con los resultados de algunos formatos alternativos. Algunos ejemplos que merecen ser destacados y que me han dado y me siguen dando muy buenos resultados son:

1. Realizar la reunión de pie: una manera de mantener a la gente activa y participativa es "obligando" a todos los participantes a mantenerse levantados. Estas reuniones son más dinámicas y por lo tanto más eficientes. En mi experiencia, los participantes van más al grano y son más resolutivos, y con esta actitud, las discusiones no se prolongan innecesariamente. Su gran inconveniente es que, por razones obvias, no se puede utilizar este concepto para reuniones de larga duración. En mi opinión el límite se sitúa en torno a 1 hora de duración total. Su nombre en inglés "Stand-Up" está comúnmente aceptado.

2. Utilizar herramientas no convencionales: un ejemplo muy conocido es utilizar una pelota para pasar una tarea a una persona. Si se trata de resolver un tema por partes en equipo, esta pelota sólo se puede devolver o pasar a otro participante cuando el portador haya respondido a la pregunta o resuelto su tarea. Puedes utilizar casi cualquier cosa que se te ocurra para dar un aire nuevo a la reunión, así que no te cortes y usa tu imaginación. Si no se te ocurren cosas concretas, puedes buscar en internet, donde seguro que encuentras algún ejemplo que se adapte a lo que necesitas.

3. Realizar la reunión en el lugar donde está el problema a resolver: en este caso se quiere transmitir la idea de "cuanto más cerca del problema, más cerca de la solución". Mira el siguiente ejemplo: Si trabajas para una empresa de tostadoras y se están dando fallos en la producción que repercuten en la calidad del producto, es recomendable realizar una reunión directamente en la planta de fabricación de tal manera que puedas

comprobar el problema in situ. Es muy probable que las soluciones se planteen por sí solas.

4. Si el punto anterior no ha funcionado, hacer justo lo contrario: alejarse del tema conscientemente. Esta solución me parece especialmente adecuada cuando no se encuentra la solución a un problema y el equipo está atascado. Muchas veces, al no centrarte en el tema y concentrarte en otras cosas, el subconsciente aporta la solución. Incluso una idea que en principio no tiene nada que ver con el tema que es necesario resolver, puede llevar a la solución deseada. Esto lo puedes aplicar no sólo para reuniones o trabajo en equipo, si no para temas que tengas que resolver tu sólo. A veces, alejarse conscientemente del problema, lleva a su solución. Lo mismo ocurre al cambiar el ambiente de la reunión, ya que se fomenta así la creatividad.

Por último, quiero destacar que es importante programar las paradas necesarias si la reunión es de larga duración. No puedes hacer una reunión que dure más de dos horas sin programar por lo menos una pequeña parada. Sin estas paradas necesarias, perderás la atención de los participantes y con ello no conseguirás los objetivos que te has propuesto. Aunque a simple vista puede parecer que alargas innecesariamente una reunión, una parada bien programada puede acortar una reunión y aumentar su eficiencia. Aun así, dichas reuniones de larga duración deben ser una excepción y mi consejo es evitarlas en la medida de lo posible.

Toma notas durante la reunión

Durante la reunión es muy importante que tomes notas de aquellas cosas que se traten y las decisiones o acuerdos que se establezcan. Estas notas son necesarias para escribir el acta después, el cual verás más adelante en el apartado "Escribe el acta de la reunión".

Las notas de la reunión deben ser concisas y claras y, si existe la posibilidad, deben estar a la vista de los participantes mientras son escritas. Esto se puede hacer por medio de un segundo proyector o tomando las notas directamente en una pizarra o en el proyector principal. Así, evitarás malentendidos y podrás corregir rápidamente los posibles errores.

Hoy en día existen multitud de herramientas que permiten convertir sin mucho esfuerzo las notas que se toman en una reunión en un acta, evitando así que tener que escribir dos veces lo mismo. Yo recomiendo utilizar la herramienta que sea común en la empresa y en el caso de que no haya una preestablecida, probar diferentes herramientas hasta encontrar la que más se adapte a nuestras necesidades, ya sea un documento Excel, Word o OneNote. Si la reunión es corta y se tratan pocos temas, puedes escribir un email corto con los puntos más importantes, a modo de recordatorio.

En el caso de que sea una reunión periódica (semanal, mensual, etc.), una herramienta muy útil es una lista de temas abiertos, también conocida por su nombre en inglés "List of Open Points" (LOP). En ella podrás apuntar las decisiones que se tomen en la reunión, así como las tareas pendientes. Además, y si es conocida por todos los asistentes, te puede valer al mismo tiempo de orden del día de la reunión. Así, habrás resuelto el tema Orden del día, Notas y Acta en un solo documento. Hay infinidad de ejemplos de LOP que se pueden descargar de internet, o puedes crear una rápidamente ajustada a tus necesidades. Considero que los siguientes campos son esenciales en cualquier LOP:

1. Tema tratado o tarea abierta

2. Categorías: En el caso de que en la reunión se traten muchos temas es importante crear categorías, para poder navegar por los temas rápidamente

3. Fecha límite: cuándo debe ser tratado el tema o resuelta la tarea

4. Responsable: de quién depende el tema tratado

5. Estatus del tema: pueden utilizarse diferentes categorías: abierto, resuelto, informativo o con retraso, entre otras

Opcionalmente puedes añadir estas dos categorías

6. Apoyo: de quién necesita el apoyo el responsable de un tema para completar la tarea

7. Petición: quién ha requerido la tarea o decisión al responsable del comentario 4

Escribe el acta de la reunión

Escribir el acta de una reunión es uno de los aspectos más importantes a tener en cuenta. El acta de una reunión tiene tres objetivos importantes:

1. Definir las tareas pendientes, de tal manera que los asistentes tengan muy claro qué se espera de ellos después de la reunión. Es de vital importancia que, además de la descripción detallada de la tarea, quede explícitamente nombrado quién debe realizarla y cuándo debe de ser completada.

2. Dejar constancia escrita de las decisiones que se hayan tomado en la reunión, con el fin de evitar malentendidos

más adelante. En las reuniones laborales ocurre con cierta frecuencia que las decisiones tomadas en una reunión no son compartidas realmente por todos los asistentes, ya sea porque no se han comprendido bien, o porque al transmitirlas en sus respectivos departamentos sus mandos superiores no las aceptan. Debes reconocer estos casos lo más rápidamente posible y el acta de una reunión es una herramienta muy útil para ello.

3. Por último, debo destacar que el acta de una reunión sirve además como documentación escrita de lo que allí se ha hablado y sobre todo de los acuerdos tomados. Es relativamente fácil recordar lo que se ha tratado en una reunión hace unas horas o unos pocos días. Pero es muy difícil recordar con exactitud que se trató hace meses o incluso años. Para ello es importante tener un acta de la reunión. Especialmente para aquellos compañeros que no pudieron asistir a la reunión, el acta es una herramienta muy útil para que se informen de los temas tratados. Además, la experiencia me ha enseñado que siempre existen compañeros que "olvidan" fácilmente los resultados y tareas acordados. También en estos casos el acta es una excelente herramienta para recordarles sus tareas y responsabilidades.

Como has visto anteriormente, este acta se puede enviar a modo de LOP. Es importante en este caso que todos los participantes de la reunión tengan acceso a dicha LOP, así como todos los compañeros a los que afecten las decisiones tomadas en dicha reunión.

Por propia experiencia puedo decir que un acta es fundamental para medir el éxito de una reunión. Un buen acta tiene un fuerte efecto motivador en caso de que se consigan los objetivos planteados. En este caso, aprovecharemos la ocasión de agradecer a los participantes su participación y trabajo.

Además, al dejar las tareas definidas por escrito y además accesibles para todos los que reciben dicho acta, aumentas de una manera positiva la presión y el grado de responsabilidad al que se enfrenta el nuevo dueño de una tarea, elevando las probabilidades de que la tarea sea resuelta en el tiempo acordado y con la calidad necesaria.

Cómo preparar las reuniones por videoconferencia

Debido a que muchas empresas tienen sus sedes en diferentes ciudades o países, es cada vez más común que las reuniones se hagan por conferencia, ya sea con el uso de video o solo con voz. También es el caso para grupos de trabajo de diferentes empresas, como por ejemplo una empresa con sus proveedores o clientes.

En el caso de las conferencias, debes tener en cuenta los mismos aspectos que se han tratado a lo largo de este capítulo y que siguen teniendo validez. Aun así, quiero destacar los siguientes aspectos por su peculiaridad con respecto a las reuniones presenciales:

1. Revisa la tecnología antes de la reunión y asegúrate de que todos los participantes disponen del programa informático necesario, por ejemplo, Skype. En el caso de que no estés seguro, puedes organizar una pequeña prueba previa a la reunión. Así estarás seguro de empezar la reunión puntualmente y con todos los invitados en condiciones de participar correctamente.

2. Presta especial atención a tu entonación y habla más despacio. Ya que no vas a poder utilizar el lenguaje corporal en el caso de una conferencia telefónica, es

importante que prestes especial atención a tu manera de hablar y asegurarte de que se te entiende bien.

3. En el caso de las conferencias, el acta y el orden del día son especialmente importantes. Si tienes la posibilidad de compartir tu pantalla, muestra la LOP o la presentación a todos los participantes, ya que así será mucho más fácil para todos seguir los temas tratados.

Cómo preparar una reunión a la que has sido invitado

En todo este capítulo has podido leer cómo debes preparar una reunión. De igual manera, es importante que cuando recibas una invitación para una reunión la prepares adecuadamente, de tal manera que puedas colaborar a que sea eficiente y se lleguen a buenos resultados. Además, ten en cuenta que en estas reuniones puedes exponer directamente tu trabajo y tu forma de trabajar. Si creas una buena impresión, puedes ganarte una reputación entre tus compañeros, lo que al final conducirá a muchas cosas positivas.

Cuando te llegue la invitación debes confirmar tu asistencia. En el caso de que no puedas asistir a la reunión, ofrece como mínimo una alternativa o por lo menos, delega la reunión en otra persona. Si no puedes asistir y no puedes delegar en otra persona, manda toda la información posible, para que la reunión se pueda realizar sin ti. Después de la reunión, debes dirigirte al organizador para averiguar si ha quedado algún tema pendiente o alguna duda, o saber si se te ha encomendado alguna tarea.

Si te llega una invitación, pero tú no eres la persona adecuada, comunícalo para que el organizador se pueda dirigir a esta persona y si conoces al candidato adecuado, proponlo directamente, ya que así ahorrarás trabajo a tu compañero.

Antes de asistir a la reunión, adelanta el trabajo que puedas y prepara toda la información que vaya a ser necesaria. Si sabes que se va a tratar un tema concreto de tu trabajo, prepáralo con antelación. Además de poder presentar unos resultados, se cuestionarán menos tus opiniones y crearas una buena imagen.

Por último, intenta ser lo más puntual posible. Tu tiempo no es más valioso que el de otras personas, así que no hagas perder el tiempo a tus compañeros y no les hagas esperarte.

Gracias

Muchas gracias por el tiempo que has dedicado a leer este libro. Espero que te ayude en las primeras semanas y meses de tu vida laboral y que te haga la transición un poco más fácil.

Si tienes cualquier duda, no dudes en contactarme a través de mi página web: andresqueipo.com

Si crees que este libro puede ayudar a más gente y te ha gustado, te agradecería mucho si dejas tu opinión en Amazon. Tu apoyo para mí es muy importante y me ayudará a mejorar en el futuro y poder seguir escribiendo libros relacionados con este y otros temas.

Puedes dejar tu opinión en la página del libro de Amazon, en el apartado "Opiniones de clientes" para Amazon.es o en "Write a customer review" para Amazon.com.

¡Muchas gracias por tu apoyo!

Made in the USA
Las Vegas, NV
14 August 2023

76088254R00069